U0129187

宗教及哲學月講座系列

宗教、哲學與社會文化

吳有能　主編

香港浸會大學宗教及哲學系主辦

文史哲出版社印行

國家圖書館出版品預行編目資料

宗教、哲學與社會文化 / 吳有能主編. --
初版 -- 臺北市：文史哲, 民 102.09
頁； 公分 -- （宗教及哲學月講座系列）
SBN 978-986-314-146-4（平裝）

1.宗教與哲學 2.宗教與社會 3.文集

210.11　　　　　　　　　102019131

宗教及哲學月講座系列

宗教、哲學與社會文化

主 編 者：吳　　　　有　　　　能
出 版 者：文 史 哲 出 版 社
　　　　　http://www.lapen.com.tw
　　　　　e-mail：lapen@ms74.hinet.net
登記證字號：行政院新聞局版臺業字五三三七號
發 行 人：彭　　　　正　　　　雄
發 行 所：文 史 哲 出 版 社
印 刷 者：文 史 哲 出 版 社
　　　　　臺北市羅斯福路一段七十二巷四號
　　　　　郵政劃撥帳號：一六一八○一七五
　　　　　電話886-2-23511028・傳真886-2-23965656

定價新臺幣二八○元　港幣七十元

中華民國一○二年（2013）九月初版

宗教及哲學月開幕典禮講辭

尊敬的香港中文大學校長沈祖堯教授、溫偉耀主任、陸大章副校長、黃偉國副校長、羅德恪院長，以及所有尊貴的嘉賓、同事和朋友：

首先，本人謹代表香港浸會大學宗教及哲學系，熱烈歡迎各位嘉賓！感謝你們蒞臨本系「宗教及哲學月」系列講座的開幕典禮，香港人生活忙碌，公私兩忙，但各位仍然撥冗蒞臨，更讓我們明白這次活動是非常重要！

宗教及哲學是人類文化的兩個重要領域，但有人說在現代世界中它們已經失去推動力和影響力，我們對於這種流行的觀點，實在不敢苟同。香港浸會大學宗教及哲學系一直致力推動關於宗教與哲學的學術活動，特別是運用嚴格的研究與充實的教學，彰顯宗教和哲學在個人與社會兩方面的價值與功能。

我們這次的講座主題，也顯示宗教和哲學的確有其重要性；兩者在我們社會的許多重大領域中提供願景、靈感、新發展和指引。這次系列講座，我們很榮幸邀請到香港中文大學校長沈祖堯教授、香港中文大學崇基神學院當代基督宗教教學資源中心統籌主任溫偉耀教授、天主教香港教區陳日君樞機、李慧詩小姐和梁文道先生擔任講者。我們相信他們的演講，必能在這兩個深具價值的文化領域中，刺激起更多的關注和興趣。

　　同時，我們深信這次系列講座也是促進本校全人教育的重要途徑，並能協助香港浸會大學的畢業生，擁有當前社會所急切需要的人文關懷和精神上的洞察力。

　　最後，本人謹代表宗教及哲學系，再次歡迎各位！

　　　　　　　　　　　　　　關啟文教授兼系主任
　　　　　　　　　　　　　　香港浸會大學宗教及哲學系
　　　　　　　　　　　　　　二〇一三年三月八日

編者序

　　香港浸會大學是依據基督教精神而創設的大學，迄今已近六十載，是香港第二歷史悠久的大學。本校創建之初，已特別重視宗教及哲學的教學與研究。由於辦學優良，成績有目共睹，早已成為香港政府資助的公立大學，但本校從未改變其對宗教及哲學的重視。一直以來，浸大宗教及哲學系，努力傳承並發揚創校精神，此次于仲春之月舉辦「宗教與哲學月」系列講座，即是本著浸大人「篤信力行」的校訓，踐行「全人教育」宗旨的一個重要活動。

　　這次「宗教及哲學月」，由一系列講座組成，從二〇一三年三月八日延續到四月五日。這次活動非常成功，不但得到香港學術、新聞、宗教界的關注與支持，也吸引大量學生及社會人士聽講。在莊嚴隆重的開幕式之後，就展開前後五講，一周一講，從大學教育、社會公義、中國哲學文化、運動乃至大眾傳媒的不同面向，探索宗教及哲學與當代社會文化的關係。論題宏富而切要，反映著主事者或者說宗教及哲學系上下同仁的素來關切。本次主題月，主講人全部從校外延請，他們分別是香港中文大學校長沈祖堯教授、天主教香港教區樞機主教陳日君先生、香港中文大學崇基神學院溫偉耀教授、2013 年度單車世界盃系列賽爭先賽總冠軍李慧詩小姐以及資深傳媒人梁

文道先生；他們全部在各自領域都久享盛譽，貢獻卓越。更重要的是，他們的講座，全都有深厚的經歷為基礎，透徹的生命體悟作印證，所以有信而有徵、感動人心的實效。

　　整個活動，除第一講在一個大教室之外，其餘四講其實是在浸大善衡校園的教堂進行的。沈祖堯校長的第一講人滿為患，至教堂則空間稍裕。聽者不限宗教、哲學方面的學生，而是來自各專業；或慕講者之名，或為講題吸引，校外來者不乏其眾，而本校學生亦踴躍參與，於問答環節頻頻發問。宗哲系服務人群的理念可謂得到很好的實行。五位講者風格各異，或幽默，或犀利，或嚴謹，或生動，或感性，聽者則隨之或興起或凝思，所收教育之效匪淺。一月不到的時間，我們以宗教、哲學為軸，縱貫方方面面。

　　由於講座的重要性，我們覺得不應讓精彩的演講，風流雲散，所以在邀約之初，就已經跟主講嘉賓，表達結集成書的意願，幸而多數講者都樂見其成，或提供講稿，或提供提要等。只有李慧詩小姐因為是奧運運動員，有特定約束，無法提供講稿與照片；雖然如此，為了讓本書讀者也能管窺當天風采，我們也特別寫了一篇內容報導。總之，讀此書，就如同一覽親歷者與深思者的五味人生，這真是一場知識遠足，又是一場精神盛宴，希望讀者能從這些演講中，得到豐富的啓迪。

　　最後，我忝為宗教及哲學月的主辦人，一方面因這次活動的成功而感到振奮，我們已經決定今年再接再厲，繼續主辦宗教及哲學月的講座；另一方面，也要對所有相關人士表示謝意，沒有他們鼎力支持，這次活動是無法圓滿成功的。他們包括各位主講嘉賓、香港浸會大學宗教及哲學系全體同仁，特別

是推廣及宣傳小組的關啓文、李仲驥、伍偉亨、郭偉聯、譚翼輝、陳士齊、陳家富等教授，以及系辦公室人員黃文文、陳慧超及任佩玲小姐。最後，在繕稿及校對方面，我很感謝研究生衷鑫恣、崔家琪、余國建及黃路蘋，以及本系余俊霆、陳家強、余慧詩、葉翼錚同學的協助；特別是崔家琪同學，在統籌校對方面，出力最多。對於上述各位，本人再次表達由衷的謝意！

吳有能博士
筆於獅子山下
二〇一三年九月六日

宗教、哲學與社會文化

目　　次

宗教及哲學月開幕式

宗教及哲學月剪綵儀式

香港中文大學沈祖堯校長

天主教香港教區陳日君樞機主教（右）與
香港浸會大學宗教及哲學系關啟文主任（左）

香港中文大學崇基神學院當代基督教研究資源中心溫偉耀主任

資深傳媒人梁文道先生

宗教、倫理與大學教育

沈祖堯教授

　　各位下午好，很高興你們來到今天的演講。用這個題目來演講，確實讓我有些緊張，因為我既不是一個宗教領袖，也不是一個倫理學家。因此今天我只是想跟大家分享我的故事，以及我過去十年內的一些體會，從而或許可以關涉到今日的講題。下面我會以一系列相片來輔助我的分享。

　　第一張相片是在十年前非典型肺炎後，我跟家人到加拿大一個名叫路易士湖（Lake Louise）的地方，於晚上拍的。我在那裏開始反思我的人生。那時我剛經歷了人生的一個轉捩點，想了許多東西。我出身是一個醫生，先讀醫科，然後當醫生，再到醫學院教書。

　　第二張相片大約是十年前，在醫學院教書的時候拍的。坐在我前方的是醫學院學生。對於當時的我來說，人生充滿了刺激以及滿足感、成就感，因為我很喜愛教醫學生，喜愛教他們怎樣檢查身體，怎樣用藥。另外，讓我們很興奮的是，過去二十年，腸胃科多了很多新的手術，我們做的手術再不需要將人剖開，只須插一些儀器在口中，或者插一些儀器在肛門裏，我們就可以在裡頭動手術：止血或者割掉一顆腫瘤，或者拿出

一塊石。

在第三張相片中，你們看到我們手上拿著的儀器，是一個內視鏡檢查儀（endoscopy），我們只需看著電視，就可以看到病人體內的東西。這些技術是在過去的二、三十年發展出來的，我們在這個振奮的過程中有很多的參與。

第四張相片看到我正在印度教導醫生，示範手術的做法。實際上，在香港來說，我們因為某些腸胃科的手術，特別是在一些出血的治療方面，做了一些重要的工作而感到很自豪。許多人講到，去醫治腸胃出血時都會引用香港的手術，所以我們經常說：「我們讓香港露臉出頭了。」對我們來說，最大的滿足感是在一些大型的國際會議中做講座，當中有些場地很大，連講員也看不見。

第五張相片中我在一個很大的會議場地發表演講，那個會議場地可能有六千人、七千人。由於距離很遠，聽眾要用很大的電視才能看到我。當你站在台上，講著研究發現和新的手術，而全世界有六千名醫生在聽，聽完後他們回去又告訴其他醫生手術要這樣做那樣做的時候，你的感覺是很有趣的 ——「大地在我腳下」，我做出了創新，現在可以領導一個潮流！

我把這些告訴大家，是想讓大家知道，直至 2003 年 3 月 10 日，這些都曾是我人生的目標，是曾令我滿足，令我沾沾自喜的原因。當然，你當時若問我是否做了一些偉大的事時，我會很虛偽地說，「不是的，不是的。這些只是小事來的。」但心裡卻會覺得我們確實做了些偉大的事。我們讓香港露臉出頭了。在醫學界的這個領域，我們領先於世界。這些就是我身為一個醫生、身為一個教授覺得最滿足的地方。我賺的錢未必

比我的學生多，我的學生畢業工作兩個月，就可以擁有一架 S 系列的平治轎車，並在我面前駛過去；因爲他的工資可能是我的三倍四倍。或者他們住的房子比我的大。但我覺得我的滿足感是來自剛才提到的原因。我當時的另一個滿足感，就是可以每年選一個全班最頂尖的醫科學生，一直栽培他成爲我的隊員，成爲腸胃科醫生。我將腸分爲許多部分，我會對一些學生說：「你專門負責食道就可以了，不用負責下面的部分。」對另一些學生說：「你只要負責胃」，十二指腸以下留給其他人，大腸留給另一個，肝又留給另一個，膽又留給另一個。這樣我的團隊就可以每一個人都發展自己的專長，成爲世界上某一方面的專家。建立一個團隊是一件令我覺得很自豪的事。我覺得我不需要每部分都非常出色，我的學生能夠在自己的領域上領先的話，我已經覺得很滿足。

　　就在這個時候，2003 年 3 月 10 日，在威爾斯醫院的 8A 病房，爆發了一個很大型的疫病，就是我們都知道的非典。當時，我們最大的打擊，最難接受的一件事，對於我們所有價值觀、人生觀最大的衝擊，就是我們看到很年輕的醫生染病。相片中年輕的醫生是醫學博士，他當時大約三十歲，很年青。在拍這張照片前一個星期，這位陳醫生跟我打壁球時，把我打得落花流水，因爲他比我年輕十歲。他很有成就，但是，就在這一刻他感染了非典。在他最困難、病情最嚴重時，他說他連去洗手間的力氣都沒有，他走下病床，走到洗手間連刷牙的氣力都沒有。他走著走著就會跌倒。他說他太太打電話來醫院時，他跟她說話的氣力都沒有。他吃飯的時候會說，他不夠氣去吃完那一頓飯。在我的記憶之中，他並不是唯一的一個，他只是

眾多染病同事中的一個。有些人的情況比他還差，他們要插喉，要在深切治療部留醫，用機器來幫助呼吸。他們小便要插一條管，他們吃不到東西，要用靜脈注射，可能要插不止一個靜脈。或者他們甚至乎連腎臟都壞掉，要幫他們插兩條喉在洗肚等等。那一刻我們才發現，我們所擁有的東西，或者我們以為自己擁有的東西，在剎那之間可以完全失去，那是你預計不了的。你以為你今日只是二十多歲嗎？你以為上星期還在跑渣打馬拉松嗎？你可能下星期就來到人生的邊緣。這是我們受到的最大衝擊。為什麼衝擊這樣大呢？因為那些人都是我的學生，我看著他們成長，我培育他們出來，然後看到他們快要死去。他的太太帶著他很小的女兒站在病房門口那裡，每日都在哭。每日問我：「怎樣，他現在怎麼樣？」我不知道如何回答，因為我真的不知道他的情況，不知道他的病會不會康復，不知道他明日會否進入深切治療部，不知道他還有沒有明天。這就是 2003 年的事。剛才，好像陸教授提到，「當時德蘭修女去醫病，幫助那些病人洗傷口的時候，發覺她好像在幫耶穌洗傷口一樣。當我在服侍這些人的時候，我覺得我在服侍上帝，她這樣說。」我沒有幫他們洗傷口，但我有另外一個體驗。我每日去巡房，每日去聽病人的肺部，檢查他們的體溫。我拿著兩尺都不夠的一個聽診器，檢查他們肺部的時候，因為他們都是醫生護士，他們都知道，如果一不小心向我咳一下的話，我都會受到感染，所以他們都很好，每個都轉身背向我說：「你只聽我背部吧！不要聽我前方。」因此，我發覺他們的病不但在肺部，他們的病都在心靈那裡。因為他們覺得自己不潔淨。所以我都會拍他們的胳膊，對他們說：「不用害怕，

你讓我給你聽前方吧！我應該沒有事的。」當我走過去觸碰他
們，拍拍他們的胳膊時，他們的眼睛告訴了我，他們被深深的
觸動了。這件事告訴我，人的醫治不單止要用藥，不單止要動
手術，而是甚至你的一個觸摸，一個眼神，或是你的一個笑
話，你一句鼓勵的話都能醫治他們。那時我第一次意識到，為
什麼聖經裡說耶穌去醫治痲瘋病人。事實上祂不用走過去摸
他，祂叫他康復就可以康復的，盲的可以如此，跛的也可以如
此，那為什麼耶穌要摸那些病人呢? 我發覺，那觸碰是心靈的
醫治，你想像不到那效果是多麼地明顯。總之在那段時間，在
非典 100 日裡面，讓我體驗了許多我當了二十年醫生都沒法體
驗的東西。生命和死亡之間，人的價值究竟在哪裡? 我們究竟
在醫治一個病，還是在醫治一個人呢? 在以前當我看到一個病
人時，我會跟學生說，「這是一個胃潰瘍。」;「這是一個結
腸癌。」病人仿彿只是一條腸而已，並不是一個人。但現在的
我明白到，我們應當看他是一個人，而非是一個病人，更非是
一個器官，或者是一個疾病。這些事都是我讀書時老師沒有教
過的。沒有一本課本說過這一種關於人生、關於人的價值的教
導。

　　這張相片是我當時在醫院工作，有三個月沒有回家的時
候，我太太、我母親、我表妹、我的傭工、我的女兒、我的外
甥，他們在我家中拍攝的。由於當時沒有 Facebook，所以他
們用電郵傳給我。在那時我才發覺，原來家人的支持十分重
要，朋友的支持十分重要。我想起以前在南非的一個同事跟我
說的一番話。當時我們在一個醫學會議上見面，他說，人生就
像玩雜耍一樣，我們手裡拿著四個球，在空中扔來扔去，這四

個球分別是我們的健康、我們的家庭、我們的朋友及我們的事業。他說除了事業是一個膠球外，其他的三個球都是玻璃來的，它們如果不幸掉在地上的話，你的家庭就沒有了；掉在地上的話，你的健康就不回來了；掉在地上的話，你的朋友就失去了。不過事業掉在地上的話，仍有機會彈回來，所以未升上教授的人不要緊，你的事業還可能會彈回來，但不要將你的家庭、朋友和健康掉在地上，因為這些只有一次機會。這些話我以前聽下去會覺得很好笑，但當你不能回家，當你病了，在垂危當中你不可以被家人探訪，只能在電視上看到你……因為當時不讓人探病，只有一個視像探病，家人在外面看著電視，好像現在的 Skype 一樣。我看到那些母親用手去觸摸女兒，看到垂死的醫生睡在病床上，他的家人一邊哭，一邊摸著那電視，我才知道，家庭是我們每日都對著而又不珍惜的一樣東西。直到那天，你接觸不到它，見不到家人他們……許多許多這類故事，我不想再重覆，因為很囉嗦，我在那段日子都講到有點悶。我只想讓你們知道，在那個時候，我對馬克‧吐溫（Mark Twain）的這句話很有體會：「仁慈是一種聾子可以聽見，瞎子可以看見的語言。」（Kindness is the language which the deaf can hear and the blind can see.）許多東西我們不需要講出口，你做出來就能成為其他人的見證。我也體會到聖經裡耶穌說的：「憐恤的人有福了，因為他們必蒙憐恤。」我們看到，你想別人如何對待你，你就要如何對待人。或者更加重要的是，當了二十年醫生的我，到了那一刻才開始明白甚麼是人性，人的價值才開始在我腦裡出現。這不再是發表多少篇文章的事情，不再是一個研究專案有多少錢、或者升到甚麼

職位、甚至你發明一個藥或一個手術可以治癒癌症的問題。人性是無論我們做甚麼行業，無論在甚麼崗位上都應該注意的。

　　有人把網上一段很有趣的話給我看，我想你們可能都已看過。因為是公開的，所以不用害怕有侵權的問題。它名叫"訪談上帝"（"an interview with God"），說有一個人作夢，夢到晚上看見上帝，於是對上帝說，「上帝，我可不可以跟你作一個訪談呢？」上帝答：「好的，你問吧。我有無窮無盡的時間。」他就問：「看見世世代代有這麼多人，你覺得人最奇怪的東西是甚麼呢?」「人真的是很有趣的。」上帝說，「人很擔心自己未來，卻忘記了我們是活在當下，活在這一個時候的。因此當我們過了一生後，我們既不是生活在當下，也不是生活在未來。」這句話很有趣，我們總擔心自己甚麼時候可以升職呢？甚麼時候可以買房呢？甚麼時候可以找到賢妻？我們在招聘面試時，經常會問人，你十年後會怎麼樣？但我們從沒問別人，你希望你今天和明天是怎麼樣的？事實上他未必還有十年的壽命，他可能在明天便要死了。那麼你還問他十年做甚麼呢？不如問問他，究竟在這一刻，你是否活得值得呢？

　　第二句話是說，「我們活著的時候，好像認為自己不會死，而我們死去的時候，又好像我們從來沒活過。」（live as if we will never die and we die as if we had never lived）。這些相片都是我拍的。這張照片頗有趣，我當時在三藩市的海邊，望著那座監獄，名叫惡魔島（Alcatraz），看到一隻自由的鳥兒在前方，我在想：「我們是不是自由的人呢？」。我們一天到晚勞勞碌碌、營營役役，「我們活著的時候，認為自己不會死」，我們一人做三份工作，希望盡快賺取足夠的錢「上

樓」。我們即使下班仍不回家，因為我們還要去尖沙咀，去蘭
桂坊，或者做許多東西。直到我們死的時候，才發覺我們在世
上什麼也沒有留下 ——「就好像我們從來沒有活過」。我們小
時候想要快點成為大人，到我們老的時候，卻不知有多麼渴望
做回小孩。他們犧牲健康來賺錢，而後又用賺到的錢來醫病，
你做得很辛苦，然後血壓高，心臟不好，到你捱過了，用了許
多精力，賺了許多錢，然後全給了醫生，因為你要醫治這醫治
那，做這項檢查做那項檢查。等到我們繞了一圈之後，好像甚
麼都沒有做過……那人就問了，你覺得這樣的人生很不妥，那
麼他們應該學習甚麼呢？上帝說，他們應該學習一下，第一，
不要跟其他人比較，應該看看自己今天的生活如何；第二就是
應該去學習在生命中最有價值的，不是你擁有的東西，而是你
擁有的人。（learn what is the most valuable is not WHAT they
have in their life, but WHO they have in their life），應該看看
你身邊的人，你擁有的人。我們回家經常會覺得：唉，我的老
婆真多話說；唉，我的母親真煩；唉，我的子女真頑皮。但是
我們卻不珍惜他們在身邊的時間，我們之間的關係，去到有一
天，失去的時候，我們就後悔了。更加重要的是，要知道錢可
以買任何東西，但快樂真的是買不到的（ money can buy
everything but happiness ）。我現在越來越覺得這句話是多麼
的真確的。

　　我說個例子給你們聽。其實我一點也不有錢，我也不是
中產，坐飛機從來都是買經濟艙的機票，年紀大了才買一些商
務艙的機票。有一次我被邀請到美國授課，辦理登機的時候這
樣說（我每次都是這樣說的）：「我的腳很長的，我要一個路

邊的座位」那人望望我，說：「先生，我們頭等艙是沒有路邊座位的。你兩邊都是走道，所有的坐位都是。」我心想，怎麼回事？那張機票不是我買的，不知道原來那人幫我買了一張頭等艙的機票。於是我坐了人生第一次國泰航空的頭等艙，由香港飛往洛杉磯，我告訴你，我都不想下飛機了。甫上到飛機，他給一套睡衣你穿，然後那張床比我家的那張還大，有被子像棉被一樣舒服。你一按鐘就有東西吃，酒是隨意喝的。我第一次坐完後，說可不可以不下機，直接飛回去。但是，第二次、第三次再坐的時候，每次都升級的，但我從來都未買過頭等艙的，都覺得不外如是。即是說，無論我們有多好的享受，有多好的物質，當那些東西重覆又重覆出現的時候，你都會覺得不外如是。這些事是不能夠滿足我們的心靈的。所以，這些東西是買不到快樂的。譬如我今日，當了學校的校長，如果你有機會到我住的地方，你第一個感覺可能會是：「哇，早知我也當校長，原來可以住這樣大的房子。」我第一天看到那房子時也覺得很大：「糟了，將來怎麼找我太太呢？不知道她在屋內的哪一部分。」但是住久了你就不會覺得有什麼特別。我今日覺得最開心的是甚麼呢？是跟我的同學、跟我的學生一起到大排檔吃東西，我覺得那種感覺是很開心的。要我講一大段話，跟我談談天，然後給一碗糖水我吃。這個很享受。這種人與人之間的關係，不是金錢可以買得到的。

另一件事，也是在非典時痛苦地學到的，那就是大家看一件事，你看到的可能與其他人看到的完全不同，不過其實都是同一樣東西。我想說的是，當時大家都記得局長曾說過，這個肺炎沒有在社區爆發。我們說，不是呀，我們明明看到入院

的病人都是從私家醫生診所那裡或者從他家的樓下染病的，怎
會說沒有呢？我們爭論不休。不過，最後我們每一個人都只是
看到大象的一部分，他摸著那象腿，我摸著象鼻，結果我們看
到的東西便很不同，這是觀點與角度的問題。但是我們能否和
而不同呢？並且當有人跟你的意見不同的時候，當有人跟你有
爭論的時候，你可否包容他呢？你可否接納不同的意見？你可
否原諒他呢？你可否饒恕他呢？他可能做了一些事，講了一些
話，你覺得很不對的，你能否寬恕他呢？所以，當我當了校長
後，第一件事就是學會寫書法，我寫過「海納百川，有容乃
大」這句話，並掛在我的家中。這是我要學習的第一件事。你
或許知道我的學校，有許多不同的意見，真是川流交錯，我能
否海納百川，接納不同的意見、不同的聲音，乃至有容乃大
呢？

　　這麼多的反思，在非典的時候，對我來說，是非常真實
的。不過沒有東西比這事更真實 —— 當時我的學生、我的同
事，他們經歷了死亡的掙扎時給予我的啟示。看這張照片，這
位豎起兩隻手指的同學，當時是最後一年在醫學院唸書，即將
畢業。他說他其實很憤怒，「為什麼我去病房學習，竟然會染
上這個病，令我無法參加期末考試，要延遲一年畢業。天天看
著我的溫度錶升升降降，我很憤怒。」不過兩個月以後（他差
不多住院兩個月），他對我說：「原來這幾個星期的課程，是
我五年醫學院課程中最重要的一段。我看見你沒戴手套去摸病
人的胳膊」（他那時真的病得很重，其實我是有戴手套的）
「看見那些醫生和護士的態度，我現在知道如何當一個好的醫
生了。」接著那一年，我還得了一個教學獎。真的很諷刺，因

爲那一年我是沒有上過一堂課的。那一年根本不能上學，學生都要留在家中。我只是拍了些視頻給學生們看看，一堂課沒有上過就得了這教學獎，學生就告訴我「你不教比教更好」。其實，他們是在告訴我，「我們觀察老師的身教去學習。」照片中另外一位是一個外科醫生，本來是很健碩的人，非典時幾乎像死了一樣。他後來寫了一篇文章，講述他自己的故事。他說他感到很開心，亦很感恩，他這樣說並非因爲他沒有死，而是他突然能體會一些以前覺得是很微不足道的事情，他從一個照顧別人的人，轉變爲一個被人照顧的人，這個戲劇性的轉變在他生命當中的影響是他始料不及的。這真是我們在非典的時候的真實寫照，令我覺得應該在我剩下來的時候，在我還在大學內工作的時候，態度上有一些改變。

每年畢業季節，同學多數會拿著一個氣球、一隻熊寶寶，還有一束花。你們浸大是否如此？我本以爲小學畢業才這樣，真難想像現在大學畢業還要拿著花、拿著熊玩偶拍照的。但是沒關係，我開始喜愛跟同學聚在一起；希望透過我的一點經歷或者人生觀，可以影響他們。他們初入學的時候說想當醫生，因爲可以照顧病人，但是許多人畢業時都忘記了。這個時候，我發覺大學教育正在漸漸地走入另一個方向。亨利・路易斯（Henry Louis）寫的《Excellence without a Soul》給我很深的影響，其實它是我從哈佛大學隨便拿來看的。我從來不喜歡，從來不會去看一本有關教育的書，就像我說過的，我並不是一個教育家。但這本書有句說話很吸引我，說：「大學已經忘記了它們教學的角色了，它們在創造和儲備知識方面成果頗豐，但卻忘記了自己最根本的任務，那就是把 18、19 歲的孩

子們培育為成人。」（They succeed better than ever as creator or repository of knowledge, but they forgot that the fundamental job of a university is to turn 18 and 19-year-old kids into adults。）在我們的大學，我們造了許多建築，我們做了很多建設，我們拿了不少教育用地，卻經常遺忘了教育目的！我們最後的目的是什麼呢？不是我們募得多少捐款，不是我們寫了多少文章，其實我們最終極的目標是去培育一班年青人。18歲到 19 歲，當他們還在中學的時候，還在問父母拿錢，還要讓家長簽名才可參加旅行的那階段，帶領他們成為負責任的成年人，可以做出負責任的決定，成為一個負責任的社會公民。但是今天大學的角色如何？學生和我們的關係怎樣呢？亨利・路易斯說：「學生和大學的關係越發演變為一種消費者和提供昂貴消費品及服務的商家的關係。在消費者心中，他們付出購買商品的大把金錢（學費）是合理的，因為他們預期以後會有更多的回報。」（「The relationship of the student to the college is increasingly that of the consumer to a vender of expensive goods and services. The high purchase price（tuition）is justified in the mind of the consumer on the basis of even higher future return.」）我不知道在座的老師有沒有這種感慨？現在是，教師懼怕同學更甚於同學懼怕教師。為甚麼呢？因為學生會評估老師的教學。教師能否升級，要取決於學生之手。如果他們不高興的話，我們就出事了。因此我們不如將聲音放低一點，講兩個笑話，然後在臨考前給他們兩個提示，讓大家讀完後，學期成績總分更高。這樣我的教學評估的分數就會更高。我們變成了供貨商，而學生變成了消費者。不知浸會大學是否

如此？但這是哈佛大學如今的現象，甚至也是許多其他大學的情況。但大學應該是如何的呢？

　　今日另外一樣很可悲的事情就是，學校不停地收到一個又一個大學排名。這裡絕對不是在做讚賞的回應。如果任何一個大學排名的方式可以準確地告訴每一個人，全世界幾千所大學哪一間比哪一間較好，究竟你是 289 抑或是 291，究竟你是 23 抑或明年升到 18，能夠分得如此清楚，也就是說，所有的大學都能夠用一把尺來量，所有大學都應該做同樣的東西，你想想對不對？如果排名很準確，告訴我們今天做的事對或不對，那就只會有一個標準。只有一個標準的話，那麼我們所有大學應該做同樣的東西，我應該建一所中醫學院，你應該建一所西醫學院，我們都應該做同樣的事情。這還不是最慘的。縱使我們不理會那排名，但你也會很緊張，甚至乎你的父母也十分緊張那個排名。我們看到家長用學校的排名送他們的子女去這一間大學或那一間大學。不單是那一間大學，他還會看這一間大學或那一間大學這一科的排名跟那一科的排名究竟哪一間比較好，來決定他們的子女去讀哪一科。所以我們並不只是歸咎於排名的公司，我們所看到的，其實是我們自己年青人、他們的父母、甚至是我們的社會都在用這一個觀念。我已經當上中文大學的校長，不幸的是，我在那時才開始研究究竟甚麼是大學的教育。當上校長以後才去研究這事，你說悲哀嗎？

　　不過，很幸運，我看到中大創校諸先賢所講的許多話。這張相片是余英時先生，他是中文大學第一屆新亞畢業的學生，今日普林斯頓大學的一個退休歷史學家。當時他的老師錢穆先生根據新亞校規，曾這樣說過：「求學與做人，貴能齊頭

並進，更貴能融通合一。」他說：「做人的最崇高基礎在於求學，求學之最好旨趣在做人。」原來一個大學的教育，或者整體的大學教育的終極目標，應該是教我們做一個怎樣的人，怎樣去活值得過的一生。林語堂將孔子的大學之道詮譯了，讓我這個不懂古文的人都可以明白。「大學之道在明明德，在親民，在止於至善。」倒過來大家都會背。將它譯作現代的話，林語堂說：「教育的目的在於保存人高尚的品格，在於賦予人們新的生命，在於止於完美的境界，在於找到我們的方向、我們的宗旨，令我們知道我們人生的目標是甚麼。」有了這東西，你就不會走向一些你不知的方向，你會安靜你的心，然後再想想，甚麼是值得做的，用心去思考。這才是大學真正的目的和價值。而「有了這些品格之後，我們修了身之後，就可以對家庭，對社會，甚至乎對於國家可以有貢獻。」你一定要有修養，有自己的方向，有自己的價值觀、人生觀，然後固定不移地，你才可以對你身邊的人盡你的責任、對你的社會有回饋、對你國家有貢獻。這些話我真的沒有資格說，因為我並不是一個哲學家，不是一個儒學家，不是一個宗教學家。不過對於我來說，我聽完了後覺得：是啊，我走了一個很大的圈之後，讀完了醫學院，畢業三十年之後，才開始發現原來這些話是何等的正確。

　　中文大學的畢業禮從來沒有畢業演講的，但兩年前，我有一次傻傻的，不知為何竟然提議：「今年不如弄一個畢業演講吧！」其實是我們公關處那名職員說：「不如你說些甚麼吧！」我們那一年將畢業禮分成兩個，因為畢業禮的時間太長大家都覺得很辛苦，但分成兩個又變得太短，所以他說：「不

如你在中間講些甚麼吧！」畢業典禮的演講就是這樣來的。一星期後就是畢業禮了，那天我坐在火車中想：「糟糕了！快要畢業禮，不如寫一點甚麼講吧！」於是就寫了一段話。那段話，英文可以形容爲 Motherhood and Apple Pie，也是老生常談了。我說：「我看見你們畢業，看見每一個名字，我都希望爲你們祈禱，希望你們畢業後能夠過一個不枉此生的生活。」甚麼是不枉此生呢？我說：「其實很簡單，你做人簡簡單單，過一個簡樸的一生，做人不可做壞事，過一個高尚的一生，一個可敬的一生，並且謙虛一點，過謙卑的一生，讓自己去幫助身邊的人。」就這樣一個一分零三十秒的演講，但有人告訴我，竟然在內地傳了一百萬次。我非常驚訝，我不知道，我現在講的每句話會否在內地傳得沸騰。爲甚麼會這樣呢？後來我才發現原來是有原因的，原因就是這段平平無奇的畢業禮講辭，跟今日中國大陸的價值觀頗爲不同。我講這段話之前的幾個月，聽說在內地某名校的大學畢業禮中，老師跟他們說：「在我們這裡畢業後，如果你們在四十年之內賺不到四千萬，你就不要告訴別人你在這裡畢業，也不要告訴別人我教過你。」而我是說：「你只要吃油條、清粥就行了。」分別太大了，於是在內地傳了一百萬次，所以他們說我「紅遍」，弄得我突然之間「左」得很。我不是將這事拿出來炫耀，我真心地想告訴你們，今日的大學教育非常缺乏的一件事，我們也應該一起反省的一件事，就是：我們是否失去了價值觀的培養？我們是否失去了對大學生人格的培養？我們是否失去了道德的培養？我們的大學教育裡面是否失去了精神方面的人性（spiritual humanity）？爲甚麼要這些呢？不是應該叫學生去

賺四千萬嗎？不是應該叫學生盡快上樓，買到一間值多少億的豪宅嗎？彼此間原來有這麼大的差異。於是我們在中文大學裡，開始了許多這樣的討論：究竟大學的價值是甚麼？人生的價值是甚麼？何謂社會公民的責任？何謂爭取平等、和平和自由？

這張照片是梁文道先生。順帶一提，他也快要來這邊做演講了，我想那天也會有這麼多人到這裡聽他講。這些人將他們自己走過的路，跟我們的同學分享，改變了他們。我的前兩任校長金耀基談到「大學的功能和學生的責任觀」，說：「我們今日的大學被看為是一個象牙塔，其實不對，因為大學已經開始走向另外一個方向，不是象牙塔，而是為經濟服務的場所。我們在想，究竟培養甚麼樣的人材，可以讓香港的 GDP 上升得更快，中國的創新科技可以更上一層樓。我不是說這是錯的。不過當我們只注重這些事的時候，就會發覺，大學跟軍事、工業三位一體，變成了另外一個個體，只是為了服務經濟。」我們是否應該反省一下，想一下，是否缺少了人性？

這裡的幾張照片，是我去年帶一班同學去非洲，去了一個愛滋孤兒村，跟他們玩。這是一個很有價值的大學教育。我做回一些醫生做的事，非常開心。我們給小孩子餵奶，那裡有許多人不懂餵奶。你知不知道餵奶時，那些空氣不可以擺在這裡，否則寶寶會將那些氣吃進肚中卻吃不到奶，最後就會嘔。我教別人如何換尿布，教別人餵奶，覺得很有滿足感。但是，最有滿足感、收穫最大的人是我們的同學，因為他們第一次發覺原來這個世界上有這麼多人需要其他東西，並發現原來他們自己擁有這麼多東西。這樣，理論上他們是會很開心的。他們

發覺他們可以貢獻出許多東西，不單是金錢，更是他們的時間、他們的學識等等。所以，這些服務本身就是一個很重要的大學教育。許多時候我們感到沮喪，或許只是被這個充滿物質的世界掩蓋了。其實有許多東西很簡單，卻可以帶給我們很大的滿足和快樂。我人生第一次拿著一個鏟弄那些磚塊，不過幸好只是叫我疊一兩層而已，如果疊更多我想那座樓也會倒塌。在那個過程裡面，我們真是得到了很多。我們帶同學去正生書院，上星期才去過，我真的很佩服那裡的老師。大家也知道正生書院吧？幾年前他們想在梅窩找一所空置的學校，結果弄到滿天神佛。今天他們仍在那塊爛地那裡。我很佩服那裡的老師，因為他們住在那裡，跟學生一起吃那些很難吃的飯，用那些可怖的浴室和廁所。住在那些鐵皮屋當中，夏天會熱得暈倒。我問那些學生，為甚麼你們現在這麼乖？為甚麼你們現在不再吃那些K仔（K他命）、不吃那些毒品呢？十個有八個告訴我，是因為看到那些老師這樣，看到他們犧牲了自己在外界很好的教職，到這裡跟我們一起做這些事，他們跟我們一起住、一起用冷水洗澡、一起吃那些難吃的東西。教學是有一個很重要的使命的，我們真覺得，人富不富足不可以用他擁有多少金錢來衡量。

　　剛才所說的是一些扶貧，是一些社會服務的方面。其實還有許多東西是需要叫我們的學生關注的，包括對環境的保護、對食物的珍惜等等。我們的同學經常做一些素菜要我來試味，說是廚餘煮的。我第一次參加，以為有很多東西吃的，我秘書說：「今日下午衞生署要你到五間餐室試食，叫作健康什麼之類的素菜。你不要吃飯了，晚上也不要吃，明日你要吃五

個午飯。」於是我空腹過去，怎料只是一串蘿蔔，還是酸的。但這些是很有趣的教學，讓我們知道，原來我們可以在校園裡那個小草地上種一些東西出來、有機的食物，然後學習怎樣不浪費人類的資源。我們最好的國民教育是應該這樣去做的。我們帶他們去國家不同的地方，看到不應該將政治跟一個民族混在一起來講。我們應該看看國家有不同的需要，不同的人他們仍然非常誠實、非常值得我們去幫助。這裡有一段很好的話，Hakan Altinay 說：「If universities in the 21st century do not provide their students with the forums and tools to discuss and figure out what their responsibilities are to their fellow human beings, and to develop the requisite normative compass for navigating the treacherous water of global inter-dependence, then they would be failing in their mission.」如果大學沒有提供這樣的一個平台讓我們的學生去知道他生活在一個什麼樣的世界、並這個世界有些甚麼需要的話，我們就沒有做到我們應該盡的責任。

　　大家都知道我那間大學是比較難管的，因為我們的同學都比較喜歡發聲，喜愛綁上頭巾，然後去做一些比較激烈的動作。最近我寫了一個網誌，我發覺同學連學校裡面一些很小的事，或是我以為很小的事，都要抗議一段時間，弄得我們的行政人員非常頭痛。譬如在游泳池旁邊有一間餐廳，是賣檸檬批的，餐廳的合約滿了，我們用投標的方式判給另外一間餐廳，由於新餐廳不賣檸檬批，於是學生們就反對，說黑箱作業、官商勾結，將他們傳統的檸檬批拿走。此外，你知道 334 新學制要建許多教學大樓，我們正在興建一座大樓，建樓難道我要叫

副校長去做嗎？我當然需要聘請外面的建築商來建。建築商大判、二判還有三判的，那二判在農曆新年前沒有給三判工資，於是工人就找我們的學生一起出來，找一些鐵欄擋在大馬路那裡，然後說「黑箱作業」、「剋扣工資」，又外判什麼什麼的。於是我說不出話，我在想如果建築也不能外判，那我可以怎麼辦？難道我要親自挑磚蓋樓嗎？不過我後來再想，其實這些事不應該令我頭痛。我以前會覺得這些是很令人頭痛的事，但今日我會覺得這是大學教育的一部份。他們正在學習公民責任，而我亦要學習如何去聆聽他們的聲音，然後如何在一個不和諧的社會裡，大家可以融會在一起，得到一個大家都覺得合理的做法。我們不一定要戴頭巾，這張照片是我們學生會的會長來的，順便說一句，他現在是我好朋友。那一次反「國教」，你們都有去，大家一起到中文大學集會。我們那地方場地比較美，八千人到百萬大道抗議。我又如何？我提供雨傘給你們，我弄水給你們喝，否則你們暈倒了我要叫警察來。我們唯有尊重你發表你的意見，然後想辦法做得更好，但是不需要每次都是衝突。你看我跟我的學生會會長多友好，我們一起去吃吃剩的麵包，這是甚麼廚餘大賽。我覺得我們可以站在同一邊，而那同一邊就是我們一起去學習如何成為一個負責的社會公民、一個負責任的年青人。

何謂教育？「Education is left after all that have been learned is forgotten.」意思是，把老師所教的全都忘記了以後，剩下來的就是教育。我想問在座的那些教授和副校長：「你還記得老師以前教你的哪一堂課上的哪一句話嗎？全都忘記了，是嗎？」但我們記得他的相貌，我記得他怎樣惡，或是

他如何對待病人，他的態度或是他的人生觀。我亦覺得、絕對覺得，大學應該要講一些社會的責任、社會的良心。畢竟，「教育是一種良心的事業」。這不是說，我們可以賺到多少錢，不是說我們的排名可以有多高，而是希望我們對社會、對我們的下一代去做一點事，令他們知道，他們在世界上應該處一個怎樣的位置，應該如何做一個不負此生的好人。這樣我們的將來才有希望。所以教育是一種良心的事業，是一個不計較我們個人得失、名成利就的事業。其實我覺得我們的同學，即使是大學生，都好像小孩子那樣，像小孩子似的。我經常覺得他們是一張白紙。我們經常說，現在的學生怎麼這樣，以前的學生怎樣好，不知有多厲害、多聰明。我覺得不要怪他們，因為我們現在的環境造成了他們的情況。我們只能怪自己，我們教學的方向可能轉了，我們教學的使命可能忘記了，我們要把這些使命找回來。

　　有段話是我從我們學校裡一位老師所寫的一本書裏面的找出來的，我很欣賞。它說：「活得正當和活得幸福不是兩回事，是一樣的。公正不是一種外面強加的戒條，而是我們理應欲求的寶貴德性。所以追求公正這種德性是關乎我們合理對待別人和在一個不公平的社會中我們不可以獨善其身。但我們可以改變自己，改變我們的信念和行動。我們應該教導我們自己以及我們的學生，真誠做人，尊重他人，拒絕謊言，拒絕墮落，關心身邊的人，珍惜美好的事，參與公共事務。」然後你就可以成為一個活得正當，亦是一個活得幸福的人，這就是我們所謂的不枉此生。我覺得這就是大學的使命，多謝各位！

問答環節：

　　問：沈校長你好，我是這裡宗教哲學系一年級的學生，是位基督徒。你剛才講的令我很扎心，很感謝你的分享。剛才我看到有張照片中有民主女神像，沈校長你所做的其中一件令我很欣賞的事，就是你同意讓民主女神像放在中大。（沈插話：你千萬不要這樣說，我只是沒有搬走它而已。）我知道近來不知是誰放了塊彩虹旗在民主女神像上，就好像穿了一條裙的樣子，那麼我想問校長，你身為基督徒，也是大學校長，身兼兩個身份，如何看待這件事呢？你在這個議題上如何做到海納百川，有容乃大呢？謝謝。

　　答：多謝你這個問題，你帶出了我剛才忘了說的一點。我覺得我們海納百川不等於同意所有的東西，我們仍然應該有是非，有起碼我覺得是對的或不對的東西。我所指的包容，就是在校園內容許有不同的聲音去表達，有不同的意見去發表。但是作為一個人，作為一個基督徒、或者是佛教徒、或者是任何一個成熟的人，你都有自己的判斷，有些事你不會做，有些事你會做。剛才你講的那條彩虹裙，我不知是誰放在那裡的，不過我知道當時是一班支持同性戀合法化的人（不知是學生、校友還是外面的）放在那裡的。我沒有拿走。但是同一個道理，當我覺得有些事是大是大非的時候，有些事我覺得我要表達立場的時候，我是會表達的。譬如，幾個月前，在上水火車站有人舉起一根殖民地時代的香港旗，並說「中國人滾回中國去」，我看完以後覺得心中很不舒服，我覺得我不可以在這個

時候不說話，於是乎我在我的網誌上寫了一段話。我寫的時候已經知道一定會被人罵的，因為一定會有人不同意我所講的。我寫的是甚麼呢？這一段文字名叫「我的中國心」。我已經很小心地講我的成長，「我在殖民地時代長大，我那所中學，也好像關教授那一間，在校徽上有一個皇冠，我讀完書後第一次回去大陸，去上海，我的故鄉，但我完全不覺得那是我的國家、我的故鄉。街上的人跟我好像屬於兩個世界，我完全不能認同，覺得那些地方很髒。但是慢慢地，我感覺到我是一個中國人，我是一個華人。我第一次出現了一個很大的矛盾，就是我畢業的那一年。我參加了一個歐洲旅行團，全團都是學生，來自十多個國家。到了瑞士，有一隊民族歌舞團表演，說：「今日有許多同學在這，我們要唱每一首歌去代表一個國家，當我唱到你那個民族的那一首歌時，請你站起來，我們為你鼓掌。」我就想：「完了！我不知道在唱英國國歌 God save the Queen 時起立，唱台灣的梅花時起立，還是唱我的祖國或義勇軍進行曲的時候才應該站立。」我發覺當時我們處在一個很痛苦的環境中：沒有國籍，我不知應該如何稱呼自己。這是為甚麼我今日不斷講，雖然知道祖國有很多不好、不對的東西，但是我不可以否認我的身分。這是我自己的看法。但是我知道當我講這句話，將會有許多人反對，尤其是年輕的，尤其是八十後、九十後的人。果然在那個網誌寫了出來之後，很快就有人回應。這個世界現在很可怕，你在 Facebook 一上載，還未離線就會看到那些人 like 或是不 like 你的留言。我發覺大約有三分之一的人不喜歡我說的話，三分之二的人同意我所講的。不喜歡的人我想大部分是在讀書的學生，同意的則是上了年紀

像我這樣的人來的。我不講那些詳細的分析，但一定要告訴你第一個回應的，相信是一個學生，他很憤怒地說：「你這樣說，你還是回北京當官吧！」他這然說，是很傷害我的，因為我是不會回北京當官的，我也不會在香港當官。我覺得他看到我的意思，但我仍然要說我的立場。我回答你的問題就是，作為一個做教育的人，我需要在某些場合某些情況下，仍然要講我的立場，你不一定要同意，不過我覺得這是我的責任。在我遴選的時候，我們習慣在峰火台上面對數百名學生。當時他們出了一道難題給我。他們不喜歡我前任的校長，就弄了一個鐘給我，說這是倒數鐘，倒數前任校長還有多少時間，他們說：「我請你為這一個鐘揭幕」。你們不要學習這些事。我告訴他們：「對不起，我不會揭這個鐘的。因為你作為一個大學生，一個知識份子，就算你不同意那個人，你也不應該如此人身攻擊。」我說：「對不起，你不喜歡我的話，我可以不做校長，但我是不會揭這個鐘的。你喜愛揭你自己揭吧！」講完之後，我是等著被喝倒彩聲的，結果是同學們一起拍手，反而令那個叫我揭鐘的人很不好意思。我說這個故事的原因是很想告訴你，我有時候要講出我的立場、我的看法，否則，我就只不過是一個博取民意的校長。我不想當一個只是博取掌聲、民意的校長，我要告訴你我的看法。但是我亦願意讓校園內有不同的聲音、不同的意見可以開放出來，校園內需要一個空間讓大家發表。所以那條裙今日仍然穿在女神像上，我沒有拉它下來。仍然放在那裡，不代表我贊同那個東西，它只代表他們有權表達他們的意見。多謝你的問題。

　　問：沈校長，很感謝你的分享。我是社工系三年級的學生，我以前也是在中文大學讀科學的，在崇基書院。之後我得了一場大病，康復後，信了耶穌，答應要跟祂的話去做。可能跟大家的理念一樣。但是我的挑戰來了。我覺得我的每一日都是賺來的，因為我本應在大病時就去世了。我很想每一日都走上帝要我走的路，所以我就思考，究竟我要如何去跟隨耶穌呢？就像沈校長所講，全球貧富懸殊很大，每天都有二萬個小孩死於飢餓，有八億人口在飢餓的狀態當中。我很欣賞你去關心全球的事，像無國界醫生和宣明會那樣，到一些落後的地方去。我的問題就是，上帝給我的挑戰是，我們可否一起努力去做更多呢？譬如說香港的貧富懸殊，今日是三八婦女節，許多中國內地的良心犯被囚、被打壓，或是有許多這類不公義的事情，或者是更遠的全球貧富懸殊的問題。我有一個夢想，我希望每個人都能像德蘭修女或是曾經解放黑奴的 William Wilberforce，他用了三十年的時間解放了千萬的非洲黑奴。那麼我想有一個小小的分享和邀請，我們可否一起去做更多？校長你有甚麼看法，我知道今日有公教報的記者在場，我們能否有更多的全球視野呢？香港人不再只懂得賺錢呢？不知校長你有甚麼意見？

　　答：我完全同意你所講的。你其中一個問題是我們好像太過專注在這裡，這個小島上所發生的事。沒錯！除了本地的僭建這些不對的事，這個世界上還有許多更加嚴重的問題，更加迫切要解決的問題。我們應該有一個更廣闊的視野，不一定要去非洲看愛滋病的情況，就算是在油麻地也有許多睡在天橋

下的人，我們要去了解貧窮究竟是怎麼的一回事。或者在香港
有許多少數民族，亞太裔民族，他們那些單親家庭的困難。有
許多身邊發生的事，我們亦可以去關心，也有更大的事我們可
以去照顧，婦女不平等待遇、小孩子被人帶去作娼妓等等。我
覺得我們第一要認知這些東西，第二就是你的貢獻是可以各方
面的，不一定是一個醫生才可以做這些事。事實上德蘭修女不
是醫生，甚至乎不是護士，她只是一個英文教師。她做的既不
是施藥也不是提供物理治療。她做的只是將那些快要死的人帶
回屋內，幫他們抹乾淨身體，給他一杯水，讓他死得有一點尊
嚴，這就是她所做的東西。克林頓（Bill Clinton）寫過一本
書，叫作《Giving》，其中說道：「我們可以貢獻給這個世界
有許多方面，有錢的人可以捐錢，你也可以捐其他方面，捐你
的時間，捐你的想法，捐一些你用過的東西。」所以，你今日
所講的東西，我完全同意，讓我們的眼光放開一點，可能是小
小不同的東西，或者不是最迫切要去解決的問題，或者我們應
該關注一下世界的問題。這些事對於我們每個同學都很重要，
今日在香港畢業的學生，應該預備你在世界任何一個地方都可
以發揮作用，你可以養活自己，亦可以幫助身邊的人。如果你
甚麼也不知，只知道僭建的問題有沒有解決，那麼將來畢業
後，眼光實在很狹窄。我在醫學院畢業，其中一個很大的體會
就是醫學生、醫生眼光是非常狹窄的。當時我去加拿大讀書，
我發覺那些人講甚麼我也搭不上嘴，除非他講的是病。如果你
講病，我就會像是突然間甦醒了似的。但是你講鯨魚快要絕種
時，我真的不知關我甚麼事。你講法國大革命，我唸中三時已
經沒讀歷史科。我好像對其他事都沒有興趣，沒甚麼意思似

的。但是，其實這些事對於我們來說，歷史、文化或者是世界上發生的許多的事，都是非常重要的。我不知道你們有多少人每日都會看報紙呢？不是看第一頁，昨天誰跳樓，哪個明星生了個孩子，而是看世界新聞。或者有沒有人訂一張英文的報紙，有多少人看 Financial Times，有多少人看 Economics，知道一下這個世界其他地方發生了甚麼事。我在學校曾經有過一個想法，你知道我們中大有許多巴士站，我就說，將電視放在那裡，然後不停地播 CNN 以及裡面的字幕，迫使學生在等巴士的時候知道世界上發生甚麼事。老師們就說：「沒有用的，每個同學只會望著手機上的 Facebook，看看昨天食早餐的那人食過這樣的一個蛋糕，你弄的這東西沒有用的，學生會會將你的電視用來播它的東西。」結果這個想法就告吹了。不過真的，將你的眼光擴闊一些，看看如何可以將這個世界變成一個更好的地方。多謝你。

問：沈校長，很高興見到你，很高興沈校長來到浸會大學作分享，很感謝你的出席。我是文學院一年級的新生，是334 新制下的學生。對於今日的題目，我有點想法想談談。的確，近幾年大學的潮流就是許多人都只是關心校內生活，就是過宿舍生活、當學會幹事等等。因此產生了一個現象，我自己覺得很孤獨，因為好幾次，譬如最近那次港大學生會發生了一些事，我在 Facebook 上很努力地將新聞分享給朋友，我的朋友最高峰也有七、八十人在線的，但到最後只有兩三個人讚。我想，大家都長大了，有十八九歲了，為甚麼不去關心一下社會呢？手機、instagram、Facebook、Whatsapp，這些固然是

生活的一部分，但可否嘗試去關心社會呢？我有這個自覺，亦
嘗試推己及人，但是很可惜目前的迴響比較少。其實就是想
問，沈校長你作為一個校長，你講到大學生活最重要的是學生
的個人品格、德性的修養，但我的經驗是，無奈當今的潮流就
是這樣，好難強迫別人去留意新聞，不知校長有沒有甚麼寶貴
的意見分享？

　　答：多謝你。其實你講的我在最近的網誌裡有講到的，
就是我們要怎樣培養我們的下一代。去年十月我在以色列，我
就觀察這麼一個小國家，如何可以培養這麼多的人才呢？她兩
邊都是敵人，地下連一滴水也沒有，又沒有石油，又沒有鑽
石，為甚麼可以成為一個如此發達的國家呢？我讓你自己去我
的網誌看。我想講的是，我發覺我們現在大學的制度裡出現了
兩個問題，第一是我們的課程。我們大學，我不是說浸大，只
是說自己，這個課程非常密集，有非常多的東西要學生背誦、
考試等等，少了空間讓他們自己思考，坐下來跟老師談天、喝
杯咖啡，講一下他人生的經歷，然後想想在你前方要走的是一
條怎樣的道路。這情況我相信在中國大陸更加嚴重，因為他們
有更多的書要記、有更多的考試，大學中學化得很。我們要想
想，大學課程裡，有甚麼並不需要去教的呢？要減省一點，騰
一些空間，讓同學想一想人生的問題。但是即使有了這些空
間，也未必可以解決這些問題的。因為就像你所說，同學有了
空間之後，仍然是對著自己的手機，看昨晚英超哪隊對哪隊，
哪一場踢得對，然後又說說今天早餐吃了些甚麼，也是沒法將
他的視野擴闊一些。因此我希望大學可以製造一些好像現在這

樣的，一種氣氛、一種場合，讓同學開始思考一下，除了讀書考試之外，除了賺錢買樓之外，有甚麼東西是我們更加值得去做的呢？多一點討論。甚至乎我們應該給一些空間予老師們，讓他們可以跟你討論這些事。爲甚麼我會這樣說呢？因爲如果他們能夠不用做那麼多 R.A.E.，不用做其他的評估，他們會放鬆一點去分享多一點人生的經驗。我亦希望那些不用做 R.A.E.、快退休、像我這樣的人，可以留出更多的時間，將你的人生經驗跟你的同學分享。這個我覺得是做教育裡面，一個最值得的一部分。爲甚麼我今日做了這個工作而不在醫學院裡出文章和醫病呢？我畢業二十年後，去探訪我的老師，達安輝教授 Sir David Todd。他是我在醫學院的啓蒙老師，當時從劍橋退休，每天都去圖書館、聽聽音樂。我很尊重這位老師，過去探望他。有一日我跟他一起吃午飯，另一位一起吃飯的是劍橋的醫學教授，名叫 Timothy Cocks，他對著我們兩人說：「Joseph，你發表過一些很重要的科學研究成果，不過這些文章只能持續大約十年而已，十年後你講的都變成錯的，或許沒有人記得了。不過你畢業卅年後仍回來探望你的老師，教育比你發表的論文更長久。」他這句話點醒了我。對不起，我希望不會影響你們同事的論文發表。但他這句說實在是提醒了我，我們不要只是側重一邊，其實教育本身有一個很重要的意義。我亦希望有更多的老師可以花更多的時間，去跟你的同學分享一下你人生的經驗。多謝你。

吳有能博士作結：

感謝校長，快樂和幸福的時間過得很快。尤其是有機會聆聽這樣有價值的演講，特別感覺幸福。校長說要過一個平凡的一生、高尚的一生，還有謙卑的一生。這些話使得這個演講並不平凡，而且更是高尚而可敬的。我們要更謙卑地跟校長學習，多謝沈校長給我們一個如此精彩的演講。我們浸會大學，宗教哲學系的教育理念，跟我們的友校香港中文大學差不多的。我們很有信心的是，浸會大學對各位同學來說是最好的。（BU is best for you.）宗教系簡稱 REL，REL 講求 real education for life，這是我系非常核心的理念，因為我們講宗教及哲學都很重視反思、體驗和提升生命（reflective, experiential and life enhancing），都不是講求我們將來要賺到多少財富，而是追求內在生命的豐富，這才是我們一輩子都用得著的財富。我們參與宗教及哲學月，聆聽得到的並非能讓你突飛猛進或日進斗金的專技演講，但它絕對是非常重要的演講。沈校長要大家不枉此生，我期盼大家多來參與宗教及哲學月講座，必然不枉此行，謝謝！

政治行動與牧民行動

陳日君[1]

這篇文章分為兩部份，在第一部份我會作一個比較學術性的討論：澄清一下什麼是「政治」，什麼是「牧民」及兩者之間的關係。在第二部份我會把過去幾年的一些行動和第一部份的原則對照一下。

第一部份

（一）政治：

Politics，來自 Polis 城市，古代的城邦 City State，政治就是一切關於國家的事。人人是一個國家的公民，除了家庭，國家也是一個「必有的團體」，人人需要而應該生活在一個國家內，因為個人與家庭不可能靠自己去滿足生存與發展所需的一切：衣、食、住、交通、醫療、生產、教育、文化、安全、適當的資訊等。

---

1 本文同見於朱偉志、黃奕清編：《正義道中尋》第 4 版，（香港：香港天主教正義和平委員會出版，2013）。

　　國家當然需要有組織，有領導者，有被領導者。組織的方式有許多。歷史中，在人類初期，教育未普及時，君主制度未必不好。一個有實力的家族，抱着父母心領導百姓，百姓擁護王族，上下同心建設國家的大家庭。歷史中不乏成功的例子。

　　當教育普及了，社會的需要也增加了，君主制度就不太適合了，那末多數經過君主立憲的過渡性制度，趨向民主制度。在民主制度下公民更能參與團體的事，執政者也更見得是人民的服務者。

　　執政者當然需要有權威。天主教教理 1897：「社會中若無賦有合法權威的人，保障法紀的穩定，並採取足夠的措施，促進公益，社會生活將沒有秩序和成就。（和平於世）」

　　但主要的是要肯定：這一切的目標是公共的福利。執政者不得專橫妄為，而應為公益服務，執政者如為公共福利服務才有道德力量使人信服。這公共的福利當然包括「為人的生存和發展所需的一切」。真正的發展或進步，該是所有人的進步，整個人的進步。

　　權威也需要有一套適合時、地的法律配合才能運作暢順及公正。

　　天主教教理 1904 說：「更好每個權力受到其他權力及其他合法權力的制衡約束，使它維持在正確的限度內。這便是所謂「法治國家」的原則，在法治國家裡法律是無上權威，而非個人獨斷的意願」（百年）。

　　但天主教教理 1902 也指出：「人的立法是否有法律的特色，全看是否符合正直的理性；由此顯出，它的力量乃得自永

恆律（自然律）。如果立法偏離理性，則應宣告為不義，因為它不再符合法律的定義；而更好說是一種暴力。（聖多瑪斯）」

　　天主教教理 1903 也說：「如有掌權者制定不義的法律，或採用違反道德秩序的方法，這些措施沒有束縛良心的力量。『在這情況下，權威自動消失而轉變成為迫害。』（和平於世）」

（二）牧民：

　　這裡指的是教會內的牧民。舊約也稱皇帝為牧者。新約教會的傳統用詞中也有稱執政者為牧者，我們這裡指的卻是主教們對教民的責任與服務。主耶穌完成了祂的救贖工程，把救恩的團體交托給了宗徒們，尤向宗徒之長聖伯多祿說了「牧放我的羊」。

　　宗徒的繼承人，主教們，有責任牧養天主的子民。這責任包括教誨，聖化和治理，尤以教誨為首要職務。

　　在全教會內所有主教，在教宗領導下：一起牧放整個天主子民，尤其在大公會議的機會上對信理和倫理作出權威性的教誨。在教區內正權主教是首要牧者，由司鐸團在他領導下扶助他。訓導權的範圍當然是天主的啟示：把宗徒留下來的聖傳及聖經完整地、忠信地傳授給天主子民，也就是把耶穌的福音及奧跡昭示給教友及任何有意尋求真理的人。

　　天主藉耶穌給我們講了許多話，不祇告訴了我們祂多麼愛我們，也教了我們該怎樣彼此相愛。

　　歷史上最近我們的大公會議是五十年前揭幕的梵蒂岡第

二屆大公會議，那是教宗若望廿三召開的，這位充滿智慧的教宗面對一個深刻演變的世界，想為教會定位，使教會不祇使人類達至「來世」永遠的救恩，也在「此世」以福音光照人類的歷史旅程。

（三）教會的牧職和政治有什麼關係？

大公會議的重要文獻稱為「憲章」，梵二大公會議頒佈了四份「憲章」。其中一份稱為「牧職憲章」。傳統「憲章」是講論信理的，這「牧職憲章」卻關心「在現代世界裡的」教會。

在描寫了「現代人類的處境」後，憲章說：「大公會議有意向人人致辭，目的在於闡述人的奧跡，並提供合作，來尋求解決現代特殊問題的方案。」

講到這裡，一些國家的執政者或會質問教會的牧者：在這國家內是由我提出「解決問題的方案」，不容你插手。你插手了，不就是「政教不分」了嗎？

在歷史上教會曾走過一些冤枉路，其中較嚴重的正是置「教權」在「政權」之上，說皇帝的權柄該由教宗授與。歷史的條件使教會一時得逞，皇帝屈服在教皇權下。但那明顯是個錯誤，為教會帶來弊多於利。

我們當然堅持「世上一切權柄來自上主」，但這不等於政權隸屬教會權下，正確的了解是：神造了人，人性所需的一切也就是神的旨意。人需要生活在一個國家裡，國家裡該有人領導，這領導者的權也就來自天主。

政權的目的是為國家的「公益」服務。公益既是人民大

眾的利益，那末人民也就最有資格判斷，誰最能保證他們的公共利益。教會的成員也是國家的公民，他們當然有權，有責任關心國家的事，參與政治。教會的成員有牧者和信徒，他們的身份不同。但以個人的身份牧者和信徒都是公民，在法律前有一樣的權利，一樣的義務，比如大家以一票參與選舉執政者。

在教會內部牧者有責任、有權領導信徒，在這宗教的層面教會是一個「必需」和「自足」的團體，也就是說她能全權處理宗教的事，也祇有她有足夠的方法幫助信徒達到宗教的目標，依福音的啓示敬主愛人。在愛人的範圍內當然也包括關心社會，參與政治。這樣，教會的牧者也有責任，有權給信徒們一套社會訓導，這是因爲天主的啓示，耶穌的福音能幫助人明白「人的奧跡」：人是什麼？他該怎麼做人？在社會裡他有什麼權利，有什麼責任？

爲了公正、獨立地執行這訓導權，並爲避免製造教會團體的分裂，現代教會要求神職人員放棄任職政府官員或參與政黨及競選，甚至避免在與教會訓導無關的論題上發表個人相對的意見，或在選舉事上表示對某候選人的取態。

平信徒，在尊重教會社會訓導的條件下，卻能自由對個別政治議題，持個人意見，也可組織政黨積極參與政治。

（四）「教會」參政又如何？

牧者和信徒組成的團體也能參政嗎？

其實，每個公民或家庭爲某些目標，爲爭取某些權利，祇要不損害他人的利益，有權組成志願團體，這種志願團體，處於個人、家庭與國家之間，稱爲「中間性團體」。它們能發

揮制衡政權的作用，從這角度也稱為「公民社會」。

天主教教理 1882 說：「為使更多的人參與社會生活，應鼓勵創立志願的協會和組織，『為了經濟、文化、社會、體育、娛樂、職業、政治的目標、且不局限於國內，也推廣至世界的層面』。『這社會化也有助於保障人的權利。』」

1883 說：「國家過度的干預能夠威脅個人的自由和主動。教會的訓導曾制定了所謂輔助性的原則 （Principle of Subsidiarity）。根據這個原則『較高層的社會不應剝奪較低層社會的權限，以干預其內部生活，反而應在必要時支持它，並幫助它與其他的社會組成分子，在行動上取得協調，以促進公益。』」

1885 說「輔助性的原則反對任何形或的集體主義（Totalitarianism）。它劃清國家干預的界限。」

在沒有「國教」的國家，在「俗化的」，「多元的」國家裡，教會至少也有權和其他「中間性團體」一樣參政。教會當局，遵照教會的社會訓導，可以以教會的名義發言。這也就是梵二大公會議「向人人致辭」的理據。

（五）教會在什麼問題上可以，甚至應該發言？

（甲）教會有權維護宗教的自由

國際公約和梵二宣言都認同宗教自由，也就是說：每個公民可以按良心的指示，參與任何宗教（除非那宗教，如某些邪教，推行不道德的行為：如性濫交，集體自殺等）。

教會把這權利放在第一位是否是出自私？

不。從歷史可以證明，在沒有宗教自由的社會裡，其他

的自由肯定也不會存有（極權君主，無神政權，原教旨主義政權）。而且如果教會沒有自由，也就沒有機會出聲維護其他的人權。

（乙）教會應該維護所有人的權利

基於教會相信人是天主照自己肖像而造生的，有理性、有自主的位格（Person），教會堅持在社會裡每個人應該受到尊重。既然人人都是天父的兒女，人人都該受到照顧。每個人在社會裡不是一個數字，社會是為了人而設立的。

可惜很多次「以人為本」成了口號而沒有實質。政府權力膨脹，專制獨裁，濫用政權以謀私人或家族或黨派或個別集團的利益……這些絕不是罕見的事，受害者是弱勢社群。教會該是這些無聲者的聲音。

（丙）民主制度雖不是萬應藥，但如果是真的民主，那末至少人民可以叫不稱職的公僕讓位給別人，有法律保證一個和平的權力交替。

教會不祇為人民爭取民主，也為民主舖路，最重要的是辦教育，教育普及，提高教育水準是實行民主無可或缺的條件。

（丁）尤其在近代的歷史裡，教會已面對不少社會的問題而提出了寶貴的方案。這裡所謂的「方案」是原則性的方向，不是技術性的、具體的方案。

有人會說：教會祇懂批評卻不懂提出解決問題的辦法。豈不太便宜？不，提出技術性、具體的辦法不是教會的責任，不是教會該有的專長。政府有責任藉專家的幫助想出這些辦法，政府所納的稅也是為付工資給這些公僕和專家。教會裡也

可能有專業者在政府裡任職或幫助政府研究，但教會當局從倫理的角度作出批判，也就是代表國家內的信徒，和其他人民一樣，監察政府而發言。

　　這些教會的社會訓導主要是存在於近代教宗的一些通論中及梵二大公會議的牧職憲章中。宗座正義和平委員會把這些訓導有系統地編成「教會社會訓導彙編」。之後教宗本篤十六世又寫了一份內容很豐富的通論「在真理中實踐愛德」。

（六）原則和事件之間的區別和相連

　　上述的教宗通論或大公會議文獻所討論的都是一些普遍的原則。但在社會上發生的卻是個別的事件。怎麼把個別的事件歸納入普遍的原則？普遍的原則是抽象的，個別的事件是具體的。牧者對個別事件作出批判時實在需要小心。

　　首先對事件的實情要把握得正確，否則會損害教會的可信性。然後牧者在批判個別事件時不要用錯了原則。而且原則也分基本的、明顯的和次要的、不太明顯的。原則之間也可能有彼此制衡的，那末過分強調一個原則時可能侵犯了另一原則。

　　面對這些複雜的問題，牧者要作出正確的辨別不是易事。除了祈求聖神賜予智慧也該尋求天主子民的輔助，主教在教區內任命的正義和平委員會也就是他的當然助手。

（七）辨別方向和具體行動

　　把握了事實，認清了有關的原則，決定要有所行動時，還有許多細節要考慮。行動該是高調或低調的，激烈的或溫和

的，一次過的或長期的，用怎樣的字眼，⋯⋯

　　尤其當問題有關大眾而行動該與別的團體合作時，更該注意能否堅持我們的基本理念，比如我們反對暴力的底綫。

　　牧者和平信徒的智慧應該放在一起才能使行動成為天主子民的社會見證。

第二部份

　　讓我們回顧一下過去幾年香港區的一些社會性行動。

　　有人說，在殖民政權下天主教很聽話很合作，回歸後卻常與特區政府唱反調。其實天主教一向是聽天主和教會的話。如果政府要求的和天主要求的沒有衝突，那末我們當然樂意配合，如果有衝突的，那末我們祇能聽天主的話。

　　（一）第一次這樣的衝突是關於居港權終審法庭按基本法判決香港居民在大陸所生的子女有權成為香港合法居民。但香港政府卻不接受這判決，一方面造出了一個「一百七十六萬五千」的數字威脅市民，一方面要求北京釋法，其實是以非法的釋法推翻法庭合法的判決，而剝削了國際公約承認的「家庭團聚權」。

　　湯漢輔理主教和本人建議胡振中樞機以教區名義在報章上寫一封公開信給政府，胡樞機同意了，公教報編輯準備了一個草案，最後胡樞機更明智地以牧函方式寫了「天主是愛」，譴責剝削居港權的不義，也指出「釋法」對法治的破壞。

　　今日回頭看看事件的經過，教會做的　對沒有錯。那時為政府落力打工的「健將」現在也承認那「一百七十六萬五

千」的數字是空造的，維基解密（Wikileak）使我們知道原來那時終審庭的大法官本有意全體辭職以示抗議政府嚴重破壞了法治。

更使我們痛心的是那事件開始了「政府領導香港市民自私」的歷史。

（二）和「居港權」有連帶關係的是無證兒童求學的事件。入境處和教育局合謀，不讓幾百位持行街紙的兒童求學。持行街紙的也就是合法在香港暫居的市民。這些兒童卻不能像其他兒童一樣進入學校，對他們脆弱的心靈是極殘忍的打擊。我們立刻在香港和九龍為這些兒童開辦兩間夜校。我們也給政府兩個部門寫了信，他們答應改變初衷。但過了一段時間，傳媒的朋友告訴我政府又執行那不義的措施，我本能地反應說我會叫所有教會學校開門收錄這些兒童。

我這樣做法有些越權（我祇是助理主教，而教區有主教代表管理教育），第二天我就得到胡樞機和湯主教同意補了一封信給我們的學校，請他們在「有空位的情況下」收錄這些無證兒童，至少讓他們旁聽。

政府說我犯法，我回答說我準備接受「公民抗命」的一切後果。其實沒有任何法律禁止那些兒童上學，政府的行政措施卻嚴重違犯了國際公約。我們後來才知道許多學校都有空位，我們因為小朋友太少了，現在面臨殺校的災難！

（三）回歸後最大的危機當然是 23 條，如果那法律草案通過的話，一國兩制就已成了泡影。全港人民都站了起來，我們天主教也積極參與了行動。那草案除了剝削市民的各類自由，更有一條特別針對宗教團體，雖它所攻擊的近目標是「法

輪功」，但將來很容易因我們支持國內地下教會而定我們爲非法的邪教。

（四）有一天我們在香港外國記者俱樂部（F.C.C.）討論23條後，有記者還要我多講幾句，那幾天政府正制定了兩條措施：一是要僱用菲傭的僱主付出那400元的「培訓基金稅」，另一是規定從大陸來港的新移民要住滿七年才有資格申請綜援，我當然表示這兩條措施極不公義。

那天晚上有人在某電台說：「陳主教是萬能博士嗎？對什麼都有意見！」其實我不是主動批評這些措施，而是在記者的追問下作了回應，我對這兩個問題也參考了本教區「正義和平委員會」和「勞工事務委員會」的資料有所了解。我絕對同意不先把握了事實及教會的訓導主教不應「信口開河」發表意見。

（五）另一個我也做了不少功課才明白的問題是世貿。爲什麼在世界各處「世貿」開會時間有大規模的抗議行動？原來教宗若望保祿也說過，全球化本該推動團結關懷，但可惜很多次卻造成了更嚴重的「邊緣化」。有時「世貿」使窮國家的執政者得到益處，卻使窮人更陷困境。

想起在墨西哥、在熱內亞等地的流血事件，我認爲本港政府歡迎「世貿」來港開會實屬冒險。還好來港抗議的祇是一些良善的韓國農民。但就在會議結束前的第二天晚上發生一件極醜陋的事。

當天有極少數的示威者作出了極輕微的暴力行動，但警察沒有拘捕犯事者，到了晚上卻把約一千名韓國農民困在一條街上，然後宣佈他們「非法集會」。

　　「非法集會」是在警察命令散開後不肯離去才成立，現在卻是警察不准他們離去。

　　那是一個寒冷的夜晚，那一千名農民整夜被困在沒有飲水、沒有食糧、沒有避寒物、沒有廁所的情形下過了那一夜。

　　零晨三時才開始押他們上車，在車上困了好幾個小時，因為根本不知道押他們到什麼地方去。

　　不難明白這行動是為避免那些農民在「世貿」開會的最後一天繼續示威，但這行動嚴重違犯人權，我就說了這是本港警察的恥辱。當然我指的不是前綫的警員（他們根本也是受害人），我指的是香港政府及警方的最高負責人。

　　事後有一批退休警員自告奮勇大聲「追殺」我，說要來堅道抗議並寫信給教宗控告我。可笑的是竟有警車阻止他們來堅道抗議，上司也不准許他們寫信給教宗。

　　至於一千名農民中祇有十一人被控告而被迫在香港過聖誕，後來被起訴的祇有八人，最後是四人，結果由李柱銘大律師為他們辯護，一個也沒有被定罪。

　　（六）教會最悲慘的敗仗是關於所謂校本條例（二○○四年教育法例修訂）。九十年代教統局推出一個校本辦學理念，鼓勵學校的持份者（家長、老師、舊生、地區專業人士）積極參與學校行政。教會學校都認同這「校本」的理念（其實我們全球的慈幼會早已在七十年代推行這理念，稱之為「教育團體」，不但包括家長、老師、舊生，也要讓學生，按他們的年齡，積極參與學校的行政）。

　　回歸那年這「校本運動」和「優質教育」運動已發展到「行政架構」的題目，教統會的七號報告書建議兩個做法：一

個是相似法團校董會的模式，但也鑒於本港一些辦學團體一向有良好的表現，同意保存原有模式而設另一層架構，「校政執行委員會」為給持份者更多機會參與校政。

可是本港有謂「三頭馬車」早就揚言對本港教育來一個「天翻地覆」的改革，而三大阻礙之一就是辦學團體，回歸後梁錦松先生接楊紫芝教授任教統會主席，馬上任命一個諮詢小組推行那後來稱為「校本條例」的計劃，無視七號報告書，把基本法保證的辦學權從辦學團體手中奪去，一刀切，要每間津貼學校設獨立的法團校董會，直接向政府交代。

本人大聲疾呼發出警號，但善心人看不見「陰謀」，二〇〇〇年的諮詢文件及二〇〇二年的法例草案都沒有遇到多大阻力，二〇〇四年修訂方案在不民主的投票機器（立法會）中通過了。

對基本法及法庭還抱有希望的教會當局提出「司法覆核」，但那已在非法釋法一役中投降了的司法機構已不再是法律的維護者，我們一直上訴到終審庭也得不到公正的判決，這是香港歷史上可悲的一頁，我以三天絕食表示了悲哀。

最近當政府想強橫推出國民教育時，許多人覺悟到原來「校本條例」為國民教育鋪了路。

（七）基本法說本港教會和內地教會互不隸屬，事實固然是如此，但本港天主教及內地天主教同屬一個普世天主教，見到國內的教會沒有自由我們怎麼能袖手旁觀？

在教宗本篤十六世決定放棄他職位的這時刻，我很傷心地該說他的手下官員沒有貫徹他所給的清晰的方針，過份地妥協和讓步了，而另一方面國內那些既得利益者（教會內的敗類

和流氓的公僕）奴化了我們的教會。

　　教宗到了關鍵時刻終於插手了，作了人事調動，重申清晰方向，但這幾年教廷犯了的錯誤使我們不容易翻敗為勝，不少的投機份子滲入了國內地上教會的領導層（明報二月十三日A3版的標題絕不準確，竟說我認為「中共滲透教廷」）。

　　出於愛教愛國的心，我們不能不繼續發聲，今天的地上教會已應該說是裂教了，而奪權辦教的官員也正在破壞社會的和諧及國家在國際的形象。

　　本人參與上列行動，讀者可以批判一下，我們是否把握了事實，是否按「教會訓導」作出了適當的回應。

問答環節：

問：新上任的教宗在第一次演講分享了一個精神：注意要回歸教會的信仰生活，不要只關注普世價值的問題，例如民主及自由等等，你對這說法有甚麼回應？我們是否太過入世而忘記了信仰生活，失去了平衡呢？

答：新教宗強調要回歸到福音、回歸到信仰，這說話是對信徒說的，所以要從信徒的角度去討論這個問題。教宗本篤十六世發起了「信德年」，教宗要如此強調信仰的原因是因為信仰可使人明白到人是多麼重要，在神面前有尊高的地位：人是神造的，照祂的肖像而造，《創世紀》中也有提及，神造人時吹一口氣，將自己的氣息給予人類，所以人是神的子民；耶穌降生成人，在世上生活了幾十年，最後為人犧牲了自己。所以有信仰的人一定會盡力維護人的尊嚴。以前在歐洲，由於有許多人信奉天主教，所以很多問題便以此信仰道理去解決；但現在這情況不再，世俗化、科技進步，人們漸認為不用說「迷信」的事，信仰是私人的事，在社會上不用講神。但這又是否進步呢？因為拋棄了神之後，人是會受到損害的，究竟我們可以再用甚麼理由來保護人呢？有信仰的人不會說窮人是垃圾，有權的人早點死，因為他們相信這些人都是神的子女，要照顧他們。所以教宗叮囑信徒不要忘記自己的信仰，這個信仰肯定是幫助社會的，因此信仰和社會並不是互相衝突的。

問：我們經常看見樞機良心發言，維持公義，這自然是

關心民眾福祉的方式；但我們是否應有別的作法以表示對中國地區民眾的關心？如果因為我們過分強調正義，觸犯禁忌，會使中華地區十二億民眾失去了接觸天主教的機會，這是否應該呢？如何平衡福傳工作以及對社會的關心？會否因為你太過堅持而使中國大門無法打開？

　　答：有人認為正義雖然很重要，但似乎變成了說說大家都明白的事，而忽略了福傳，但我認為必須承認正義是必要講的。有時教會是對所有人講話，對非信徒講話的時候就不可以用上天的權威或福音的權威。但教會同時都要做福傳。「信德年」除了要求信徒生活得「有信仰」之外，也要傳信仰（Transmission）。為何神在現今的社會變得好似消失了一樣？因為社會環境變了，加上社會的制度亦沒有幫助傳福音，家庭的價值觀也被破壞，使得信仰失傳了。因此，在一些傳統的基督教國家，社會上都見不到神的存在。所以我們需要繼續傳道，因為我們相信福音信仰是幫助人的，福音是真理，所以一定要福傳。雖說要尊重沒有信仰的人，但不是不說福音。因為有信仰而覺得很有用、很幸福又可以因此明白真理的話，便應該介紹給人。我們亦有信心以福傳維持社會公義，因為福音對社會公義肯定有幫助。

　　香港是自由的社會，所以對別人的說話及行動要予以尊重。我曾經收過匿名信，指主教亂說話因此不信天主教；但也有新參與教會的人看到天主教領導關心社會而表示讚賞。既然不知好與壞的評價各佔多少，故此也不應計較。重要的是自己的說話是否就是教會要我說的，若果只是因個人喜好而說便不

對。若果是教會要求說的，我便會放心說，因為對信仰的效果
是好的，教會的倫理道德也是好的，亦是合乎人的本性的，同
時也是能接受道德考驗的。我不怕偶然被人不同意，因為這只
是一點副作用。

　　問：天主教傳統的社會訓導由教宗、主教、大公會議，
由上而下推行的，希望教會參與廣義政治。但香港有某教會大
主教成為全國政協委員，參與狹義政治，於此沒有履行到教會
作為良心監察的任務。在主教制教會之下，如果教會不監察政
府，誰監察教會履行聖神聖靈給予的任務（執行社會訓導），
尤其作為平信徒可以做甚麼？

　　答：談及關於平信徒，在「梵二」裡已清晰交代了平信
徒身份。以往神職人員獨大，但於大公會議認為天主的子民才
是最重要的。這個大家共有的身份是最重要的，反而司祭也是
服務人民，所以教會內應很重視平信徒的身份。大公會議後，
組織有所改變，由強調傳統主教議會變為強調牧民議會，即有
較多平信徒參與的議會，例如正義和平委員會，成員有一至兩
個神職人員，其餘大多是平信徒，他們也是主教委任的。重點
在於他們能夠代表到教會的道理。當在具體的事情上彼此有不
同看法的時候，平信徒也有權利出來與主教商量，例如在特首
選舉一事上，一九八八年時提出選四十人代表宗教團體參與選
舉，初時正義和平委員會強烈反對，認為不應以小圈子形式選
出特首，所以提出杯葛選舉。但教區認為杯葛行為激進、過
份，但也認為要表示教區不接受制度，所以作出了被動配合，

即是先抗議制度的不合理性，但在沒有辦法的情況之下也要配合，於是便提出幫助想成為圈內代表的人證明其信徒身份，由此例可見平信徒也有權利發聲。因此於組織內不講主教權威，只講教會權威，即天主教導講的說話。但在問題不清楚時，平信徒也要先服從上級，後來若發現不合理時可向教廷投訴，教廷也有全世界性的正義和平委員會。

問：比較聖公會和天主教會，天主教會一向敢於為公義發聲，而聖公會於回歸後少出聲，甚至現在天主教湯漢樞機也沒有強烈要求過一些公義的事。香港現今在民主化的進程中面對很大的挑戰，你本人以及教區會如何回應這挑戰？

答：天主教有聲音，相反基督教難有聲音，因為基督教分支很多。其實聖公會主教也很積極發聲，講了不少有意義的說話。人與人之間不可被互相比較，但我與湯樞機肯定有著同一個目標：一方面維持教會的權利，另一方面要與政府有適當的妥協。雖然大家朝著目標的做法與作風不同。我激進的作風好像很失敗，希望湯樞機手法成功。

問：天主教的社會訓導很大程度在「梵二」裡才會作出大幅的整理，但為何社會訓導在「梵二」前後會有如此大的轉變？「梵二」過了五十年，現在有很多新問題出現，例如世俗化、性傾向、新福傳問題（如何利用互聯網廣傳福傳事業），教會如何面對這些問題？於短期內會否有另一次大公會議？

　　答：在大公會議後，社會上肯定有很大的轉變，但人的尊嚴不變，所以教會多了很多新訓導。前幾年教會將所有社會訓導合成一本書，但出版之後，教宗又出了通諭，而且通諭裡又加了些新事情，由此可見我們一定要跟著時代走，大公會議的目標是要跟著時代，而那時代一定有很多問題要處理。至於現在肯定有很多新問題出現了，例如世俗化，肯定是其中一個新問題。以前無神主義，現在便是世俗化，雖與無神主義不太一致：無神主義有很多理由，世俗化則像溫和點，當中不反對神，任由人信與不信，而實質也是排擠神的一種，這類無神主義也很危險。無神主義裡有的甚至沒有否認有神，那些都是同樣危險的。肯定有神與否定有神，又或者說不肯定有否神之間都有很大分別。現今特別關心神的信念與社會的關係。面對世俗化，至少大家需要多點討論神的問題。

　　另一問題便是全球化。全球化看似是中立的事情，但實際上可以有好有壞。若望・保祿二世說：「若全球化可助達至大家團結關懷（solidarity）就是好的。」但另一方面，全球化可成為某些人進一步剝削人，成為有錢人剝削窮人的工具。世界貿易，初時我以為是好事，有助交流溝通，不理解為何墨西哥會抗議至流血。後來我才發現事情不是那麼簡單。我在想那麼大的計劃，誰會得到好處。答案是大財團。雖然大財團也有幫助貧窮國家，但實質只是幫助貧窮國家裡的有錢人變得更富有，幫助他們剝削自己國家的窮人，那就不行了。如真有此事，我們會反對如此的全球化。全球化有這樣的危險，有些農民抗議也是合理的，因為大財團往往忽略了當地的利益，例如要求某地轉為生產某物，但不管環境是否適宜，有時這些行為

改變了傳統的生產，為當地人民帶來傷害。所以我們要謹記制度是中立的，可以產生不同後果，結果或者好或者壞，但我們一定要有尊重及關心他人的心，才可以將全球化的優勢，如便利的交通，發達的訊息等等因素合理地整合運用。若這些本來是好的事情落入壞人手便會變為剝削人的手段。所以教宗認為全球化有時不能達至團結關懷，反而製造了邊緣化（marginalization），使某些人被邊緣化，生活變得更艱苦。

問：請問陳樞機對於中國天主教愛國會（下稱愛國會）內神職人員媚共的方式有什麼看法？馬達欽神父被軟禁多時，陳樞機認為作為教友可做甚麼幫助中國教會？

答：正如教宗在信中所提及的，中國教會最大的困難在於中國教會有些架構與平常的教會架構不同—中國教會有些架構凌駕於主教之上。愛國會章程提及中國天主教可獨立自主自辦教會，這與天主教教義不合，教宗於 07 年的信裡面也講得很清楚，可惜中國愛國會成功了。其他地方也有類似情況，歐洲及越南也有，但都沒有成功，也就是說它們未能得到很大勢力支持。因此當時即使有教難，也是天主教面對政府。有了愛國會，政府跟教會間隔開了，一方面愛國會有如政府的工具來控制教會，但同時它也像代表教會聲音，即教會聲音不會到政府耳中，所以教會因為愛國會而被壟斷了。這情況於這幾年有否改善呢？

教宗雖然間接要求主教要由愛國會退出來，承認主教要做點事，要配合身份，要跟我（教宗）共融，跟我共融後便不

可以再支援愛國會，因爲支持愛國會即支持獨立自辦，即是要
與他分裂。但是這番話因爲說得太客氣，反被愛國會忽視了。
他這幾年沒有盡力過，直至馬主教事件。馬主教說他沒空擔任
愛國會內的責任，要辭任。最終馬主教被取消上海教區助理主
教的任命。

　　愛國會勢力很大。愛國會有在國家的層面及在地區的層
面。在地區層面，如果教會主教很有才能及信仰，都可以建立
到一點勢力；但在全國層面，教會根本不能建立勢力。我當時
在內地教書時，跟一個教區的主教很友好，他是愛國會副主席
及主教團副主席，當問及他何時再開會，他回應：「哪有會
開，我們開會只是受政府的教訓，我們沒有地位，在全國層面
上晃如奴隸般。」我在內地修院教書七年，看見主教很淒涼。
政府採用平信徒劉柏年，但他在中國有如教皇般的地位，他在
時主教沒有發聲的權利，甚麼都由他決定，現已退休成爲名譽
主席，但決定權仍在他手。他是既得利益者，故他們不會輕易
放下權力。他們明白現在教廷想針對愛國會，故嚴厲處理馬主
教事件，更隨即聯署表示不想改變。可惜這些年教廷政策不太
好，太讓步、太遷就、太妥協，所以沒有鼓勵主教退出愛國
會。近來教宗雖然成立了一個龐大的委員會，但是也沒有辦法
應付中國天主教的情況，因爲教廷的人表示不能與中國對立，
要讓步。我們亦表示希望中國主教不要參加愛國會的會議，但
主教請示教廷能否去開會，教廷表示盡量不要去，但態度軟
弱，所以每個人都去。但我們也明白他們有很大壓力，若不服
從中國政府的話，不只會連累自己，甚至家人，所以他們很服
從。

　　現在中國政府不只威脅，還使用金錢誘惑。有些主教雖然是教廷所承認的，但政府卻一定要派一些非法主教來開會；有些主教雖然是不合法的，是教廷不承認的，但政府卻要拉一些合法的主教來參加他們的會議，目的就是要逼人違反良心，還侮辱人。參加者可獲得幾十萬甚至百萬，情況很差。教宗很有耐性，一向不插手，現在終於插手中國教務了，傳信部的人方向很正確，但前景很艱難，因前幾年傳信部接受了北京政府介紹的主教候選人，雖然不合資格，但也批准了。教宗也痛心表示有很多投機份子進入了地上教會的領導層，他們只幫政府辦事，不幫教會做事。最終教宗插手，對中國教會事務不再讓步，使北京政府很憤怒，現在重新談判是很難的，還要看北京是否有誠意，我們應給新的領導時間，希望他站穩陣腳後會有點改革。

　　問：請問在中國政府統治下，有很多人為了良知正義而受壓逼。早陣子西藏就有人自焚，這使我痛心及迷惘。作為香港信徒，我們可做甚麼去解除痛苦？我覺得很無助及心痛。

　　答：其實我們很難作出幫助，當然教會不太贊成自焚，要珍惜生命。但也有教友準備為信仰犧牲性命。現時我們有至少兩位主教在監獄，十三及十五年，甚至連家人也不得探訪，但我們能做甚麼呢？我們最多發聲，我也曾到中聯辦抗議，但有甚麼用呢？他們甚至說不知他們在哪裡。曾有一位主教，我們起初不知道他在哪裡，原來因為他被改名了。但有一天，點名時他大喊這不是我的名字，我叫蘇哲民，是天主教主

教來的，旁邊有人聽到，出獄後告訴別人主教在那監獄。中國政府使用這手段使家人不得探訪，沒人知他在哪。我覺得教廷應多為此發聲，至少先把主教放監，否則甚麼也不用談，教廷在這方面應更強硬。現在的做法或許是顧全大局的考量吧。我們很痛心，因為不能做甚麼。但從信仰上說，我覺得腐敗信仰的人更令人痛心，因為為信仰而犧牲是很有意義的，我們眼見有從監獄出來的神父及主教是很開心的，沒有抱怨的，也有修士坐了二十多年監出來後也很平安，為信仰受苦很開心，所以我們不用擔心，當然要為他們祈禱，希望他們早點出來。故此我們不用擔心為信仰犧牲的人，反而應擔心腐敗信仰的人，因為他們是更危險的一群，因他們腐敗天主，把自己的永生冒險，所以我希望勇敢的人繼續支持下去，軟弱的人勇敢起來，那些被擊倒的人可以站起來。

問：對於佔領中環行動的路線圖有甚麼看法，即是由何俊仁辭職，再考慮公投，有甚麼看法？

答：很不好意思我一直沒有跟進這件事。有一次我跟李柱銘及公民黨談及釋法問題，當時也有記者問我，第二日上報紙說我支持，不過我只是有條件支持。我不知道這行動希望爭取到甚麼具體目標，這具體目標是否是定期可解決的。我不想參與這嚴重行動，這可能會無了期下去，會很傷香港的生活氣氛。因此我覺得要有清晰的目標。因為普選是很重要的目標，如果需要我，這我可以考慮，雖然這是狠勁的公民抗命，要付出代價，如果被關入獄也無怨。在我的原則上，如果有一事是

實在重要的，並且採取了很多辦法也不能爭取到，就是說我們已經很努力爭取，但到現在一點希望也沒有，根本沒有答應普選，更不用說何時能普選，就算現在訂明日子，也不是訂明正式的普選，就真的須要做點比較嚴重點的行動，但也希望目標是清晰的，而且是近期的，不能太長，難道要幾個月在佔領中環？那是行不通的。

問：請問香港教區會否有步中國教會後塵的危機呢？正如幾年前你在校本條例的官司期間，你也曾批評過政府推行校本條例是爲了干預教區的自主權？

答：我認爲要分兩層去說：回歸對天主教教會本身是沒有任何改變的，基本法所保障的事情我們幾有把握，例如以後由教廷任命我們的主教，香港也不會有愛國會，這我是有信心的。但五十年後則不知道，大家也不知，連共產黨都未必知。至於校本條例真的很嚴重，這使香港漸漸變爲國內一樣，因爲共產黨同所有的獨裁政權一樣，都是很緊張教育的，第一件事就是控制教育。所以校本條例是一個好好的包裝，把教會的辦學權力奪走，即是取消了宗教團體辦學。將來即使將我們稱爲辦學團體也是假的，因爲不是我們辦學的，而是由學校的法團校董會辦學的，即學校完全獨立，直接向政府交代，我們不能主事的。雖說我們可派百份之六十校董進入校董會，但我們其實很難找到百份之六十的校董，現在雖然易找，因爲可找理念一樣的，可以付以信任；將來則不行，不知究竟應找誰進入校董會，若學校被別人派進來的一個家長及老師佔了一席位，這

百份之六十的人若不懂爭辯便沒用。現在的校董是做實事的，將來要找的是懂爭辯的，如何找這麼多懂爭辯的人，所以是很艱難的。況且別的校董真的能明白教會辦學的理念？我們教會辦學歷史悠久，理念由生活中傳遞很易，但若用說話則難說清。雖說可以訂明理念，但理念寫下是沒用的，是死的，若將來沒人執行也無可奈何，我們完全沒有任何機制及管道去干涉，因為我們不是一份子，不是真正的辦學，所以這法例很厲害。但可惜好人不喜聽陰謀，那時我說校本條例有陰謀，別人都不信；但現在可能多了人相信，因為可以舉出國民教育說明：原來校本條例是為了準備國民教育。所以我不免想到這就像法西斯、納粹主義——學校變成獨立，學校可完全決定辦國民教育，在納粹黨手上這結果大家可想而知。今年我去了波蘭參觀納粹黨集中營，可以看到德國納粹是非常之殘忍，而之所以部分良善的百姓也可以容忍政府做出如此邪惡的事，是因為納粹黨從教育入手。

　　問：請問天主教教會平日事務有多少是跟政治有關，信仰工作的比例又佔多少？從剛才的談話可見教會經常跟政治團體打交道，在政治事務像投放了很多資源，但有多少資源是放在信仰方面呢？有說教宗有新方向，想將世俗事務及信仰事務比例放好點，那教會有甚麼實際措施幫助平衡這兩項事務呢？

　　答：肯定的是，我們教會的主要工作是信仰，這是我們的基礎，而社會行動只是結論：因為我們要愛人，要關心社會，所以我們要參與社會，因此我們絕對不會為此而忘記信仰

工作。新教宗在南美的時候，有見到解放神學家認為南美的社會問題很嚴重，社會如此剝削人民，他們吃不飽所以更談不上信仰的事，所以有說將信仰放在一邊，先爭取解放人民，以暴力推翻剝削人民的政權。但是教會並不贊成這個做法，因為教會的教導裡最重要是「講耶穌講到底」，「耶穌」第一道理是介紹天父，我們的家鄉是天國，我們大家都是兄弟姊妹，不應有仇恨，這是最優先的道理。同時這道理也包含了要愛人，耶穌講道理時也醫治很多病人，也使別人吃飽，代表了我們也要有同情的心，如果有同情的心，便會關心別人的生活，所以有必要參與社會工作，但不應顛倒次序—教會肯定會將信仰為先，因為這是耶穌給予的任務。教會在第二項工作上只是幫助的角色，因為如果政府做得好，我們也不必發聲，但是我們也會關心社會，因為這是屬於愛人的一環，但我們絕對承認信仰為先。

問：關於社會議題，現在對天主教來說，有很多社會訓導及教宗的教諭可依循，但在基督教方面，有很多教會對於民主的議題不想接觸，不知陳樞機可否以聖經內容教導基督教徒，讓他們明白原來他們也應該爭取民主。另外，關於同性婚姻問題對於基督徒來說，在他們的教會內有很大爭議，陳樞機可否表明在這方面的立場，以及如何平衡這兩個問題？

答：根據《聖經》，基督教與天主教到底有否在一些社會問題上立場一致呢？我有留意基督教在很多情況下，都與天主教說同一樣的事情，同樣支持民主及普選。所以大家從《聖

經》裡，應該能找很多理由支持民主及普選。當然《聖經》裡
不會用到民主及普選的字眼，但人應當受到尊重，要積極參與
社會，這肯定是在聖經上的啟示，所以我認為若以聖經為基
礎，天主教及基督教有很多地方可以合作，事實上我們在很多
方面上也有合作，有很多早會我們也有參加。

　關於同性問題，我們天主教的立場也很清晰。我們認為
同性的傾向是一件事，同性的行為是另一件事，我們教會將此
分得很清楚。同性的傾向很多是先天的，也有後天，由人生經
驗造成，都很可憐，都不是一個正常的傾向。我們說神造一男
一女，一男一女彼此吸引是正常的。故此，同性的傾向雖是不
正常，但也不是罪惡，因為這不是刻意做神不喜歡的事。有這
些傾向的人很多是很痛苦的，如果他們是信徒他們明白同性行
為是不可以做的，所以我們很同情他們也很尊重他們，教會都
要照顧他們。若果他們很軟弱甚至做出這些事情，我們教會也
會很同情他們的，教會面對犯錯的人也要尊重。我們去探監，
我們也會以尊重的心探監，如果沒有尊重的心便不要去。我們
去探監是因為知道他們都是天主的子女，他們雖做錯事，但我
們一樣尊重他們，這是不能懷疑的。不過我們不能接受聖經說
錯的事為對，同性的行為是不對的，同性的婚姻是不對的，婚
姻是一男一女的，所以我們也絕對不能接受同性婚姻，也不接
受同性婚姻可以領養子女，這對那些兒童是不公平的。我們亦
知道很多同性傾向不是先天的，所以沒有理由給機會造成有更
多同性傾向的人。

　社會上有很多議題是要很小心討論的，例如反對歧視法
例，曾經在很久之前有提過這條法例，我們正義和平委員會也

支持的，關於同性戀者的就業及居住，這兩方面不應歧視。當時我們很支持，但後來經討論後也認爲須小心處理。因爲雖說就業可能跟同性傾向未必有關係，但可能有些職業是有關係的，例如教育，一個自己是同性傾向，且很積極宣傳同性行爲合理的人，他們會否在教育裡影響到學生呢，也有機會的。居住也可能有問題，例如一對同性租戶可能在那裡辦很多同性的活動，很多同性者出出入入，影響到附近居民。總而言之，問題不是這麼簡單的，雖說電腦操作及掃地的職業根本與性別無關，但可能有些職業是有關的，所以這議案值得詳細討論。最近有關資訊的民調，教區是支持資訊的，希望資訊能夠證明多數市民不會支持同性婚姻以及同性婚姻領養兒童。

基督教與中國哲學文化

溫偉耀教授

　　今日的演講，所涉及的範圍可以說是整本書的內容，是我從八十年代到現在的總結，在兩三年後或會出書。在那之前，今日我先跟大家講，再聽大家的意見。

　　從唐朝開始，基督教傳入中國已有一千多年的歷史。其實在這一千多年裡面，中國人對於基督教，多半都是比較排拒的。很多時候我們都有一些藉口，說基督教是外來的宗教。中國人比較排他、排外，所以中國人會說基督教是洋教，覺得不喜歡。這個理由不是很充分，因為佛教也是由印度傳入的宗教。中國把佛教當成自己的宗教，為何過了一千多年，仍會覺得基督教是洋教？在我來說，這兩者中間顯示了一個相當深刻的問題，就是基督教的教義，觸及了一個核心的問題 —— 與中國的哲學文化有張力。這是我們必須要承認的事實，所以今日我所要講的，是要正面、直接地處理這個問題。

　　我不是要當基督教的說客，說基督教沒有問題，基督教有自己的問題，同樣中國文化也有問題。我們嘗試用開放的

心，大家互相瞭解，多點自我批判，亦可以大膽批判對方。你
我都是中國人，我們當中很多中國人包括我自己，都是基督教
徒，我們在同一個身體、同一個頭腦裡面，嘗試在兩者裡面進
行一個深層的對話。

我認為有四個要點，是基督教與中國文化最核心的衝
突。這四點，第一：基督教的排他性。中國人看宗教，基本上
都是殊途同歸。宗教 —— 儒釋道雖然有不同，但可以共存。偏
偏是基督教，說唯獨通過耶穌才可以得救，認為耶穌是唯一的
真理，所以中國人一聽便覺得很難接受。這是第一個張力 ——
排他性。

第二點關乎因信稱義的教義，基督新教最強調的教義，
可說就是因信稱義。因信稱義，是告訴人們，無論你犯多大的
罪，只要歸向主耶穌、歸向神，就得赦免，白白地稱為義。大
家都記得這個教義了。但中國文化著重道德倫理為本位，很強
調報恩、報應的觀念。報恩、報應的觀念併入因信稱義裡，我
們便發覺有很大問題，一聽見因信稱義，第一樣不是想起「神
多大的恩典呀，無論我犯多少罪，都可被神赦免」。中國人對
此很反感，無惡不作的人，臨死前只要一歸向耶穌，便立即上
天堂，永遠得福；反而一生行善積福，對得住天地，努力做人
的人，只要不歸於上帝，便打入十八層地獄，永世受苦。你說
是不是公義？當然不公平了。因信稱義就是因信不義。

第三點關乎兩者對人性最深刻的理解。中國哲學，特別

是儒學，相信人性本善，但基督教卻強調原罪論，即人性本惡。人性本善與人性本惡涉及對具體人類生命提昇的兩個很不同的理想和概念。中國人認為人人都可以成聖人、成道、成佛。但基督教呢？就一定要上帝的拯救，所以兩者沒有一致的看法。這牽涉到人性的善惡，人如何能有生命轉化。

　　第四個問題，就是基督教信仰裡面最核心的耶穌。耶穌是誰？在這個問題上，我們中國人對於耶穌的態度很曖昧。因為中國人是一個很現實、很體驗性、很實踐的民族，所以當中國人聽到耶穌的時候，會問的問題是：耶穌與我何干？「講耶穌」很悶，是因為中國人覺得，對於他們來說，耶穌算什麼？為什麼要我信他？他不過是二千年前，在巴勒斯坦的一個猶太人，祂死了與我何干？他的犧牲算什麼？中國犧牲的偉人多的是：岳飛、文天祥……耶穌，多他一個不多，少他一個不少。所以，如何將基督教的耶穌帶到中國人生命裡？為什麼一定要考慮耶穌？不考慮他可以嗎？這是第四個我覺得很深刻的問題。

　　這四個問題，是中國問題的核心，也是基督教問題的核心。而偏偏在這四個問題上，我們發覺，這兩種思維、兩種文化，無法達成一致，難怪中國人對基督教有排斥。今日我便跟大家展開這四個課題的對話。

　　首先，我們將第一個和第二個問題一起討論。因為我相信，這兩個問題都是牽涉到一個很基本的問題，即我們有沒有

真正瞭解對方，有無從對方角度出發。我認為，一千多年來都沒認真討論的核心問題，就是中國文化、基督教對於宗教的理解是不同的。

　　簡單來說，在中國文化裡，宗教的存在意義與功能，是安身立命。安身，來自《易傳・繫辭》；立命，來自《孟子・盡心》。在這兩段文字中，可以看到一個好的宗教對於中國人來說是什麼意思呢？它能夠令人在變幻的人生裡、有凶有吉的際遇裡，仍然可以心裡有安頓。安身即是安心、安頓，然後可以面對人生的變幻打擊。站立、立命，站在命運的面前而不倒。這就是好的宗教。能夠令人安身立命都是好的宗教，儒學如此說，道家如此說，中國佛學也如此。

　　那麼基督教對宗教是怎樣理解的呢？當然基督教不否認宗教是能夠令人安身立命的，基督教能使人安身立命這點，待會兒我們再加多幾句補充。但基督教最強調的，你看整本聖經就會發現，整個宗教的核心課題是人與上帝和好。人與創造他的上帝之間的關係破裂，人如何才可以和上帝重建和諧的關係，這是基督教所強調的。但人做不到，就由上帝來，透過祂的兒子耶穌基督釘十字架，開了人與上帝和好的路，然後人便可以回歸上帝。這是基督教整個宗教信仰的核心。其他都是次要，其他都是結果，安身立命都是結果，不是核心。

　　那麼，這種不同有何影響呢？影響很大。兩者之間，兩個不同文化所追尋的宗教經驗，和最後的宗教終極體驗都有不

同方向。

　　中國人要安身立命，要面對變化、人世間的醜惡，要安心，一定要有超越。所以中國的宗教核心，是找尋人的自我超越。自我超越的意思就是，無論天人合一亦好，道教所說的清虛無待亦好，佛家所說的立心見性、破執、無名、無相、無住，這種心境，都是追尋一種自我超越，以致不受狹窄的自我（限制），形軀限制，甚至是時空的限制，可以邁向無限和自由。這是中國的宗教經驗。

　　基督教呢？因為基督教強調的是人與上帝和好，所以其最終極的宗教經驗是人與上帝的溝通，是一個關係裡的溝通。用英文說，是 personal encounter，subject-to-subject encounter。在基督信仰裡，所追尋的經驗，用一個字眼代表，就是祈禱，或者叫禱告（prayer）。祈禱是一種對話，不是打坐，不是修煉自我超越。如果是這樣，我們就見到，在關係裡，不需要進入非常提昇，不需要突破時間空間這些中國人所追尋的自我超越的經驗。

　　你看見聖經裡面無論舊約的人物，到新約的信徒，他們和神是一種對話性的關係。亞伯拉罕，向神祈禱，聽到祂的聲音，有一個他者在。摩西，與神傾談時，可以向神討價還價。甚至舊約講到，他們聽見神的聲音，有大聲細聲。以利亞在山洞裡面，聽到小聲。新約呢，耶穌聽到上帝向他說話，是明顯的對話，不是心理作用。耶穌說：「父呀，願你榮耀你的

名。」天父對他說：「我已經榮耀了我的名。」旁邊的人說是
打雷，他們聽不見耶穌聽到的，但他們聽到有聲音。這種清楚
的他者的對話性，縱然是聖靈在信徒心中說話，但總是另外一
位，不是自己所想，不是自己超越自己，不是自己與自己，而
是他者與你的對話。所以保羅他完全知道上帝要帶他到哪裡，
但在傳福音其間，他聽見上帝不想他傳，這樣的情況也有，後
來他才聽見馬其頓的異象，就往另一個地方傳。所以這是一個
對話性的經驗。

這些和剛才討論的兩個問題有何關係呢？我認為那兩個
問題都是從對對方不同宗教的誤解產生出來的，所以兩者都要
留心反省自己，聆聽對方。

首先我們看排他性。如果我們嘗試從中國文化哲學的角
度來看宗教，認為宗教的目的在於安身立命，它的功能在於給
予人一個存在意義，以及自我超越。如果是這樣，我們就要承
認一個事實：幫助人安身立命的宗教，絕對不只基督教。誰人
敢說，只有基督教才可令人安身立命？這個世界上很多偉大的
宗教，都可令人安身立命。從這點上，基督教絕無特殊性，絕
無唯一性。誰人敢說儒學不可令人安身立命？體驗自己的良
知，發揮自己的高貴情操，道德心發出來的時候，人的生命便
可安頓，人面對命運而不倒，這不是安身立命嗎？道家教我們
順其自然，無待逍遙，以致吉凶在生命當中，喜怒哀樂不入於
胸次，這不是安身立命嗎？中國佛學說我們要破執，不要將思
維執著於一樣東西，生命不留在某個點上，便可得解脫，這不

是安身立命嗎？其實世界上還有其他好多偉大的宗教、偉大的哲學思想，都可助人安身立命。

沒錯，基督教也可助人安身立命。基督教也有獨特的地方，就是相信有一位宇宙的主宰，祂掌管人類，愛人類。因為有上帝，信徒就得到深度的、終極的滿足感（喜樂）和終極的安全感（平安）。因為有上帝在掌管生命，所以信徒面對人生的高高低低時，有一種深度的把握，知道一切不是偶然，有種安全感。他又知道上帝在他還是罪人、未和好之前，已經愛他，為他犧牲，所以他深深體會到上帝對他的愛。有宇宙主宰的愛，就不會覺得生命沒有意義。基督教所講的平安、喜樂等字眼，標誌著基督教安身立命的特色。不過這些不等於說基督教就是唯一安身立命的宗教。

說實話，在安身立命的某些方式上，基督教甚至比不上其他宗教。比如對於道德動機的研究及不上儒家思想深刻。基督教也有講自我否定 —— 要放下生命，為主而活，要不然如何將自己獻給神？但對於破自我執著，佛教在這方面比基督教豐富很多，起碼深度、闊度與經驗多元化，比基督教所有的文獻都說得好。

現在我們嘗試站在基督教的位置來看。我們剛才說，基督教對宗教最核心的關注是什麼呢，就是與上帝和好，即是說，宗教的存在意義，在於與那位創造、掌管這個宇宙的上帝建立關係。建立關係，是兩者之間的問題，你與上帝，或者你

與另一個人建立關係的時候，是雙方的，不只在於我怎樣，還要問對方，雙方願意的條件符合，才可以建立關係。大家聽明白了嗎？你不能對一個女生說：「你一定要愛我，嫁給我。我像郭富城那樣英俊，有林書豪的身手，有李嘉誠的家財，你不可能不嫁給我！」不能。你一定要問這個女生喜歡哪一類型。可能她最討厭英俊的，因為英俊的容易花心，就是因為你英俊，所以她不嫁給你。明白我意思嗎？要建立和上帝的關係，不單是要問，我心裡有多願意，我自我超越了多少，還要問上帝願意什麼人與祂建立關係，要問祂的條件。

　　我舉一個真實的事例。我在加拿大時，有個很要好的朋友，是一位很有道德的華人，很有影響力的領袖，他辦了很多慈善工作，例如開辦老人院。我與他一同工作，參與他的董事會，並與他一起籌款。他亦知道我是基督徒（他不是基督徒），我們很談得來，彼此佩服。有時我跟他談談基督教。

　　我最記得有一次，他終於對我說：「溫偉耀，你不用擔心我，經常跟我傳教，我死了以後，一定上天堂。」我說：「是嗎？你那麼有把握？」他說：「其實很簡單。你的上帝很慈悲，我又很有愛心；你的上帝公義，我這個人也很正義，我們倆很相似。我死了一定能上天堂，祂一定要我。」這是很典型中國人的想法。我就對他說：「你上天堂是因為你願意與上帝建立關係，永遠跟祂在一起，你倆建立關係不單只是在於你，你也要看看上帝，你有沒有聽過上帝要哪些條件才與你建立關係？」我與他一起打開聖經，查馬可福音第二章十七節，

耶穌說我來了，不是呼召義人，乃是召罪人，有病的人才要醫生，沒病的不用醫生。我說：「糟了，你又是醫生，又有才幹，你條件太高，祂（上帝）不能要你。你不覺得自己是罪人，所以便不能要你。」

大家明白我的意思嗎？這是雙方的。你不能說：「我那麼好！」不，你要問上帝開出什麼條件。如果上帝說條件很高，要讀通四書五經，那就罷了；或者上帝說條件是要你有很多錢，那都罷了。但上帝說祂的條件很低：「因為你要做的事，我都為你做了。」上帝說：「我來到這個世界，釘十字架、死亡、復活，整條路給你預備好。你需要做的是，你願意接受，只此而已。」如果你說：「我不需要！」那麼上帝拿你沒辦法，這不是排斥你，而是建立關係一定要有條件。你不符合條件，又要人接受你，這是你不公平，不是對方排他。

我再舉個例子。就像我們乘飛機，從香港飛到紐約，要乘搭國泰 CX840，如果向南飛，要飛到悉尼，便要乘搭國泰 CX101。現在你要到紐約，便到國泰買 CX840，你到櫃面跟空中小姐說：「我想去紐約。」她說：「好，搭 CX840 吧，下午有一航班。」但你說：「我不喜歡乘坐 840，這不好聽，聽起來好像不太吉利。我喜歡 101，比較好聽。CX101 比較吉利。我可以乘搭 101 嗎？」她說：「不行喔。你是去紐約，不是去悉尼。」但你說：「我就是喜歡 101，可以嗎？」她說：「不行。」你說：「你好排他！」這排他嗎？那位空中小姐沒辦法，說服不了你。

　　你明白我說的這個例子嗎？這個問題是雙方的。你要不就不要上帝，你要上帝就問一問上帝，要是我跟你和好，在關係範疇裡，你要聽聽上帝所開出的條件。上帝開出的條件，絕不太高，每個人都可以做到。不過我偏偏不做，可我又要和上帝建立關係，行嗎？不行。這就是基督教對宗教意義的理解，唯有耶穌，耶穌才是唯一的路，因為這是上帝開出的條件、建立關係所定的標準。正如一個女孩嫁給你，你要符合她的標準，不是只符合你的標準。這就是解釋第一個問題，雙方沒有從對方的宗教立場出發，以致兩者之間，根本沒有對過話，沒有真正溝通過。

　　這一點，我們再說下去，牽涉到第二個張力，就是我剛才說因信稱義的問題。我們知道中國人很重視倫理，重視道德。究竟這所謂犯罪又可上天堂、做好事會下地獄的問題如何解決？這裡我想首先弄清楚，在基督教信仰裡，天堂和地獄是什麼意思。簡單來說，天堂就是一個人死後，永遠跟神同在的狀態，這就是天堂。地獄，就是人死後永遠與上帝分開的狀態，這就是地獄。在基督教來看，地獄的意義與中國的宗教信仰，尤其是佛教，是不同的。地獄是苦的，不過對於基督教來說，地獄並不似佛教般，是人將來死後，按照人生前犯錯的程度，受對等懲罰的地方。所謂十八層地獄，就是對應你生前所做的來懲罰的地方，例如炸油鍋、斷舌根。

　　基督教的地獄，在嚴格意義上來說，是人選擇的結果。

意思是說，即在今生你想不想與神建立關係，與神和好。神已經做了一切，只等你一起建立關係，你說不想，那麼神呢，便拿你沒有辦法。上帝拿你沒有辦法，離開世界以後，只有兩個永恆去處，一種永恆與上帝在一起，一種永恆與上帝分開。既然你選擇不願意與上帝在一起，你離開世界以後，只能繼續那樣的狀態。上帝沒理由強迫你，是嗎？反正你不喜歡，祂沒理由強迫你永遠與祂一起。所以我們用一個比較直接的字眼來說，是一個自然結果，是你選擇的自然後果（natural consequence）。不是上帝要懲罰你，是因為你選擇不要和上帝在一起。地獄是否很慘，那當然慘。地獄之所以苦，是因為地獄是一個完全沒有上帝同在的狀態。

什麼叫作沒有上帝同在的狀態？因為如果上帝是一切真理、愛、光明、溫暖、美麗的源頭的話，一個完全沒有上帝同在的狀態呢，便是很苦的狀態，一個沒有光明、沒有真理、沒有愛、沒有美麗的狀態。這種狀態比火燒更恐怖，因為人世間所有令你愉快、幸福的源頭都沒有了。

講到這裡，說一個很簡單的例子。我記得好幾年前，我和以前中學的同學聚舊。其中一個同學知道我是基督徒，跟我說：「溫偉耀，給我選擇，我喜歡選擇下地獄。」我說：「是嗎？」他說：「地獄好，我最怕上天堂，最怕基督徒唱歌，我很怕唱你們的歌。如果你說上天堂永遠都得唱歌，我寧願死掉。我情願下地獄。我的老朋友都在地獄。在那裡，我能見朋友，打麻將，這樣實在更好。」我跟他說：「地獄是一種沒有

上帝的狀態。即使你下到地獄，對不起，你也不會快樂。因
為，第一，你認為重遇老朋友就會很快樂，朋友之交可以令你
快樂是因為有愛，但沒有上帝，這愛是不存在的。所以你見到
老朋友的時候，他們已不是你的老朋友。我不知道他們會怎樣
對待你。第二，打麻將的快樂，在於大家有創意，出哪張牌或
不出哪張牌，但創意來自那位創造的神，當神不存在時，創意
也沒有了。地獄之所以苦，不是上帝要懲罰你，而是你自己選
擇這樣。這選擇的結果不是要懲罰你在生時有多少道行，這是
兩個不同的層次，你明白嗎？一個是道德層次，一個是自然選
擇結果的層次，所以兩者之間你不能混淆。

　　再用剛才的例子。你要去紐約，卻堅持要上 CX101，正
如空中小姐告訴了你，到步後你打開機艙門見，到的仍是悉
尼、不是紐約，是嗎？但你說：「我很努力，我做人有原則，
道德很高。我上機的時候還幫老婆婆拿行李，上了機我還讓位
給孕婦。」你讓位也好，幫人拿行李也好，你下機時還是去了
悉尼，你去不了紐約。這跟你的道德無關，是兩回事。不是看
不起你的道德，這是你選擇的結果。所以我們在這點上說，因
信稱義是要提醒我們，這是你選擇的結果，不是你自己努力的
結果。

　　當然，在這一點上，千萬不要誤會基督教不重視倫理道
德。很多中國人因為這樣就認為人無論做得多好也不能上天
堂，於是便認為基督教根本不重視倫理道德，以致引起很多批
評。甚至牟宗三先生從中國的本位出發，說多一個基督教徒，

便少一個中國人。這是一種很悲哀的理解。如果你問基督教是否重視道德倫理，當然重視！我不是替基督教做說客，我們每個人都知道，每個宗教都有其性格。我們想起道教，是道家的清虛；想起佛家，是解脫、無執。一想起基督教，會想起什麼？愛。基督教是以愛做標誌的宗教。無論你唱詩十首或一百首，都是談愛，或上帝對人的愛，或基督徒之間、世人的愛。愛是基督教的核心，這是無可否認的性格。愛是什麼？愛是道德的高峰。誰敢說基督教不重視道德？我覺得這是最大的誤會。

道德倫理，若從神學角度來說，是上帝給人類最珍貴的普遍恩典、禮物。從神學的角度來講，什麼叫作人類的文明及文化？聖經創世紀第三章就說，人墮落後，犯罪後，人的狀態就有一種先存性的亂序勢力（power of disorder），所以事物會壞、會破，人與人之間會爭奪、互相殘殺，這個大自然也會對人類的生命有威脅。什麼叫文明和文化？就是上帝給人的獨特恩典，使人可以有思維開創改造自然，建立規則，叫我們不會滅亡。無論你是不是基督教徒，上帝都給你這種所有人共通的恩典、普遍的恩典（Common Grace）。我們在充滿亂序勢力的宇宙裡，可以有上帝給我們的能力，不斷開創秩序勢力（power of order）去抗衡威脅人類生存的亂序勢力。什麼叫科技？什麼叫醫藥？就是我們能夠建造房屋，研製藥物。這是以秩序勢力去對抗亂序勢力。藥物幫助我們對抗病菌，對抗本來會侵蝕我們身體的亂序勢力，我們製造秩序勢力。

　　道德、宗教、倫理、法律，全部都是人類創造出來，可以讓大家一起生活而不互相殘殺，毀滅對方。這樣的話，基督教看道德倫理，就是其中一種的秩序勢力，是上帝給人的普遍恩典，非常高貴，我們千萬不要說基督教是不重視道德、是不需要倫理的宗教。

　　我們作一個小小的總結。你說，兩者之間，大家各有不同，那麼我可否只是保持我的安身立命、自我超越，那便足夠？我根本不需要理會基督教的與上帝和好，這是否可行？老實說，選擇是沒有不行的。對嗎？每個人都有自己的權利去選擇，不過我們要考慮三件事。第一，與上帝和好與自我超越的追尋，兩者之間不一定需要互相排斥。你願意與上帝和好，同時自己仍然自我努力，超越自己的狹小脆弱，有修為，兩者之間並無衝突。相反，如果一個中國哲學家或儒學家認為人自己修為、自我超越就足夠，不需要上帝的話，那就是他排斥上帝，是他排拒上帝，而不是基督教排拒他。基督教認為你修為是很好的事，又認為與上帝和好，是最基本的，兩者在一個人的生命裡同時實現，並無衝突。我不知道為什麼會想出這麼大的距離，產生這麼大的誤會，這麼反感呢？我們不需要這樣做。

　　第二，如果真有上帝，真有一位宇宙的主宰存在，你不願意與他建立和好關係，這可能是永恆的損失。

　　第三，如果我們堅持只是自我超越，不需要上帝，就要

相信一個具有無限可能和力量的人性，有無限潛能，足夠令人完成善行。對於認為自己不需與上帝和好，而能夠實踐這自我超越的理想的人來說，這個信念是必須有的。那麼這個信念是否屬實，是否可行，有否過於理想主義？這牽涉到第三個核心課題，就是人性的問題。

剛才我們說到，第一和第二個課題是雙方都沒有真正從對方的立場去理解。在第三個課題裡，我覺得雙方都犯了錯誤，而且錯誤可能相當嚴重。

首先，第一個我提出來的雙方的錯誤，就是任何人包括中國哲學家、基督徒，都知道人類行為有善亦有惡。沒有人會蠢得認為人類不會行惡，亦沒有人蠢得以為人不會行善。問題就是，你如何追溯人類行善行惡的行為終極的源頭？在這問題上，基督教與中國以儒學為代表的看法，就剛好對立。儒學認為人性本善。一切的惡不過是人做不到本來的善，是一種錯失。只要返本歸心，回復本性，然後擴充你善良的本性、恢復你善良的本性，你的道德力量和善良便會出現，慢慢便會向善。就是所謂「去人慾，存天理」。我們可以成聖人，這是中國的看法。

基督教呢，就剛剛相反，尤其是馬丁‧路德，或更早的奧古斯丁，認為人有原罪。當亞當、夏娃犯罪後，那原罪便遺傳給所有人類。我們一出生已經無可選擇地陷入罪裡面，而罪的結果就是我們在人性上有普遍的墮陷，我們已經傾向要犯

罪。根據奧古斯丁的看法，偶然我們可以不犯罪，但每次我們可以不犯罪，都是因為上帝給我們恩典，所以我們更強調，沒有上帝的恩典，我們人人都不能脫離罪。用拉丁文來說，*non posse non peccare*，即是不能不犯罪（not possible not to sin）。在亞當、夏娃的時候，就是能犯罪（possible to sin）和能不犯罪（possible not to sin），*posse peccare* 和 *posse non peccare*。但我們犯了罪以後，所有人就不能不犯罪。*non posse non peccare*（not possible not to sin）。我們得救後，成為基督徒，上帝改變我們，我們就可以能不犯罪。*posse non peccare*（possible not to sin）。上到天堂，就不可能犯罪（not possible to sin）*non posse peccare*。這都是拉丁文玩的字眼，原罪論，意思就是說我們今生注定在罪裡。所以這一點上，基督教與儒家思想有明顯的對立。在這裡，我想直接的提出我認為兩方面都錯。

我沒有時間跟大家詳細推論。第一，儒家思想裡面認為人性本善的論述、論據，最出名的是孟子：「乍見孺子將入於井」，然後就抱起他，不用人教。這是訴諸於直覺：沒有想過，由心底衝出來的衝動，去救人、去愛人。惻隱之心、羞惡之心，不需要人教的，不是外力，不由人教我，是我裡面知道的，不學而識。這是從內心湧出來的善性的證明。

對不起，我想告訴你，從一個嚴格論證的哲學角度來說，這個證明是不成立的。因為每樣事情，即使直覺亦好，內心自發不需要人教亦好，都可以舉出反例。我們可以看見這世

界上，有人從直覺做出很惡的東西。有些人不用人教，都可以很壞。我經常說，兩三歲的不用人教，他都可以說謊。父母沒有教過他欺負弟弟，他都懂得這樣做。我不想說哪樣錯哪樣對，兩樣都不能證明。人性會湧出，但本質究竟是善是惡，是不能證明的。

那麼你問：「爲何討論了二千多年？這有何用？」重要的是，儒學所講的，基本上不是證明人性本善，而是強調，如果你相信人性是善，你在行善的奮進途徑中，就有一種很強的支撐信念。就是說，你要相信你是善。你愈相信你是善的時候，你就愈有勇氣和忍耐去行善。如果我們用哲學來說，這是規範性（prescriptive），而不是描述性（descriptive）。大家明白了吧？是對人性一種提議的信念，幫助我們行善，而不能視之爲證明事實上人性本來就是善的。

說基督教。基督教的原罪論（original sin），對不起，是錯的。你說：「怎麼你膽子那麼大？」是的。從哲學角度來說，原罪論本身自相矛盾，如果你有哲學訓練便知道。簡單來說，原，即是沒有選擇的機會，original，即是你不用選擇。Sin，一個人要被判有罪，一定要有選擇的機會，才可被判爲有罪。他連選擇的機會都沒有，你判他有罪，是不公平的。這是所有法律最基本的一條原則，是嗎？原罪本身就是自相矛盾的兩個字。如果是 original，原，就不算爲罪；如果算爲罪，就一定有選擇（choice），就不是 original。生下來就少了一條腿，卻要我跑，我說跑不到，你就罰我留堂，這算什麼？生下來就要犯罪，那麼我便犯罪，犯了罪你卻罰

我，那又算什麼？

　　那麼你說：「亞當、夏娃所做的，跟以後的人類沒有關係嗎？」有。我所理解的原罪，是原本亞阿當、夏娃被上帝創造他們的時候，是不用死的，可以永遠跟上帝在一起。但他們吃禁果後，聖經說，宇宙世界的結構開始有變化，這樣，亞當、夏娃就跟其他生物一樣要死，是身體的死亡（physical death）。這個狀態令亞當無論後來活到四百多歲也好，他仍要死。從此之後，每個出生的人都好像其他生物一樣，都要死。有些嬰孩夭折，有些人活到一百一十歲，但是大家都要死。這就是原罪的結果，沒得選擇的。不過，至於在生時選擇行善行惡，是有選擇的，要自己負責的。如果聖經由第一章到最後一章都是提醒我們要負責任的話，即是表示我們有選擇（we have a choice）。如果有選擇，這就不是 original，就是我們自己要負責。所以，人有原罪，但人性並非本惡。

　　那麼你會問：「這會引起什麼情況呢？」我嘗試換另外一個模式，用另一個思維方式去處理這個問題。我不相信兩者能夠解釋人的善惡、人如此複雜的行為和表現。因為兩者都將善、惡單一地歸因於人內在的心靈結構，用哲學來說，英文叫作 internalism（道德動力的內在主義）。太過強調一切都由內而發。儒學就說一切由內而發，基督教也一樣，全部歸於人性的本質的內在性。這是片面的。我們看人的善惡，其實複雜得很。我們不能單一地將人的善惡化成形而上學的問題討論，反而要作為一種過程來看。

　　究竟惡是如何出現的？從思維到其出現是怎樣？在這過程中，我借用了道德行動哲學（moral philosophy of action）的架構，將一個人的行為、行動，分為幾個階段：從道德信念（moral belief），到道德欲求（moral desire），然後道德意向（moral intention / moral motivation），再到最後產生道德行動（moral action）。這種分析性描述，第一，避免了將善惡形而上學化，成為單一的哲學問題或神學問題。第二，從過程裡面，我加入考慮的，不單是哲學的分析，也考慮心理學。道德心理學在過去一百年裡有很多成就，有很多實驗，在社會學方面，是道德的社會學。這些社會科學的研究，絕對給我們很重要的參考，我們卻漠視它們，好像讀哲學、讀神學的都不需要懂這些。不是的，道德行動整個過程裡面，相當重要的部分是我們的心理和社會的影響，不單單是神學問題。

　　綜合這幾個不同範疇來處理人的善惡問題，我們開始稍為看清基督教與儒學是從哪裡開始出現分歧，從哪裡開始出問題。我們先從道德信念開始講。道德信念，我想告訴大家，我們從任何一個角度，社會學、人類學、現象學，都沒法否認人有一種向善的優先傾斜。雖然宇宙、人生裡充滿了善與惡，但人總有一個信念（belief），就是相信人應該向善的。這點不能夠被否定。那麼你問：「這是真的嗎？」是的。從歷史來說，沒有一個社會是教導人為惡的（教了以後他做不做好事是另外一回事），所有的社會制度都是要求人為善的，所有的法律都是想人不要那麼壞。

　　或者我們再簡單一點，每日生活，我們看見人做好事，讓座予人，就會稱讚他。見到有人因為說父母生他生得矮，便將父母斬死，我們就會訓斥。我們很自然地不會說「斬得好！」即使我們這樣說，都知道是自己欺騙自己。你不會說：「人是有善有惡的，有好有不好，所以有一些人可以作惡。」不是的，即使他作惡，他信念裡也知道不應該作惡。你說：「不是的，基督教羅馬書第七章說得很清楚，說我們裡面有兩個律，我想做好事就做不到，想做壞事便做了出來。我真是苦，誰能救我脫離這取死的身體？」如果保羅不想做好，怎麼會說「我真是苦」，苦什麼呢？當他說苦的時候，即是表示他有預設的價值，就是不應該作惡。他做不到，所以才感覺苦。他沒說「這樣真好」。可見，那個傾斜是向著善的方向的，這是沒有辦法否定的。當然，在這點上儒學一定同意，我不需要再補充。基督教亦不能否定這點。

　　那麼你說：「剛才你不是說，人一生下來就會犯罪嗎？」在基督教的傳統裡，剛才我們所講的奧古斯丁，或馬丁・路德或新教的傳統，是比較強調人有意志上的捆綁，所以不喜歡做好事，不能夠做好事。其實這不代表所有基督教的立場。如果我們回顧中世紀的多瑪斯・阿奎那（Thomas Aquinas），回顧東正教（Eastern Orthodox），在他們的教義裡，人人都有一種向善的信念。多瑪斯・阿奎那說，人具有被造性（creatureliness）。從神學角度來說，我們被上帝所造，所以我們是不完整的，不像上帝般完美，所以我們從生存開

始，便有一種不自覺從不完美邁向完美、從不完整邁向完整的傾向。所以我們總是想自己健康；想起社會，總是想社會是正義和諧的；一想起心靈，總是嚮往美德。這是因為，上帝造我們的時候，我們根本是有限的，我們便嚮往好，不會想往墮落的路走。東正教的成神論（theosis）講到人雖然不自覺，甚至不是基督教徒，但我們是按照上帝的形象造的，我們向著耶穌基督的形象，耶穌是神性及人性完全的彰顯。耶穌一生，就是不斷地在生命裡，由人性的抉擇，向著神性的抉擇去實踐。如果這就是每個人心底裡心靈的方向，人總想邁向神性。信念上希望能夠獲得神性，而不會邁向人的魔鬼性。所以從這點來說，我提出一個看法，在人的道德信念方面，基督教和儒學應該是沒有分別的。大家都認為善是應該的，惡是不應該的。

再下來第二個層次，道德的欲求（moral desire）。道德的欲求說到人的情，人向善向惡之情。欲求跟信念有什麼不同？我們普遍認為如此的，就是信念（belief）。欲求就是在具體的情況之下，心裡面的嚮往，想做的推動。兩者是不同的層次。你問香港的家長，十之八九都說，只想將來的子女快快樂樂、健健康康就夠了。這是道德信念。但一到名校招生日，卻便搶著去，這就是道德的欲求，不同的。一個人的信念不等於其欲求。有時會，但信念不一定出現在欲求裡面。大家都相信善，但講到道德欲求時，我們便發現人有一種向善或向惡的不同可能性。

為何會產生這樣的欲求？動力在哪？我想指出，這個動

力來源是多元性，多可能性，甚至有偶然性。一個人有欲求的時候，根源本身是中性的，有不同的心理學家研究這回事。在成長的過程裡，人都有一些事要滿足。比如我們身體要吃，沒得吃我們便會不安樂，要找食物。人性裡有很深的欲求。這些欲求是中性的。佛洛姆（Erich Fromm）認為人有幾個最基本的欲求，是人人都需要的。其中一個是效能性（effectiveness），就是人需要覺得自己被重視、被留意的價值。我講一個笑話，你們不笑，我就不高興，因為沒有效能（effect）。當一個人長期沒有效能的時候，別人對他不關心，失卻留意的時候，他會產生病態或者很強大的人生動力。在佛洛姆的研究裡，希特拉就是這樣的人，他長期不被人注意，所以他後來要弄出一些事情來要人注意他，變成了殺人狂、虐待狂。因為起碼他在虐待人的時候，對方會跪在他面前求饒、哭，這是強迫人注意他，恐怖的、但又很可憐。成年人在聊天，孩子便會搗蛋，是嗎？打破花瓶、潑水、打架，為什麼？他情願我們罵他都比不理他好，因為沒有效能性。

但是，沒有效能性不是每次都會產生病態的。有一本書研究，很多世界上的偉人就是童年沒有人理他，所以便弄一些大事出來，包括孫中山，要幹一番大事出來，讓他覺得生命有意義。偉人、狂魔的根源一樣，是需要（needs）有效能性。需要沒有所謂善，亦無所謂惡。

還有些情況，有些人生下來便有些條件，有個傾向。例如有人一出生的體質便特別差，或者讀書沒有人家聰明，經常

給人罰，被人責備懶惰。於是他見到一個同學打人的時候，每個人都喚他大佬，很乖讀書的卻被人踢，他便跟前者去做。這是因為他天生的體質、生理結構，看見周圍的人行動的結果對他的效能，那種強化（reinforcement）產生出來的結果。你說這是他人性的善，抑或人性的惡呢？我不覺得。兩者都可以發生的。

人在成長向前看的時候，都想擴充自己。我們都能夠令自己有生存的意義。但滿足自己的生存意義，有人會變成自戀，有人會變得自愛。每個人都想擴充自己的生命，想對人有影響。偉大的變成博愛，但另外一些可以變成攻擊性的行為。當我們這樣看的時候，道德欲求的善惡，不可以歸於純粹內在的善或者惡，而是需要考慮道德動力的外在主義（externalism）。道德動力的內在主義和道德動力的外在主義，兩者都重要。

儒學強調我們要相信自己的善。沒錯，你愈相信自己的善，就會有耐性和勇氣去為善，那麼你為善的次數會多，可能你的境界和氣質會愈來愈崇高。這是事實。不過這是規範性的，不等於你就因此人的本心純粹只有善，這是兩回事。所以儒家在這立論裡面，認為你只要返本復始，化念歸心，那麼你就能妄念不起。這種理想，可能是永遠無法實現的。我很大膽地說，因為這看錯了人性的本質，看錯了善惡的根源的多樣性、複雜性和偶然性，只是一種理想主義的希望。大家行了這條路二千多年，很可能是行不通的。這是儒學這麼多的成就裡

面，一個沒有處理的面向。

　　又說回基督教。基督教在這點上，又牽涉到一個問題，基督教相信，人犯罪是因為與上帝離開。這產生了相當大的問題。是什麼呢？我似乎講得有點長了，不過我一定要完成，唯有大家待會兒問問題時間短一些吧！我們常說，我們與上帝關係破裂，所以不能不犯罪；因為我們與上帝關係已經破裂，我們成為罪人。這是在說罪的兩種不同意義，一種是神學上的罪（theological sin），一種是道德的罪（moral sin）。人與上帝關係破裂，不等於他道德上是壞人。唐君毅先生不願意與上帝和好，但他的道德比我好一百倍。我滿心佩服，他是我最佩服的老師。與上帝關係破裂，跟我們得罪人、仇恨人，甚至殘殺人這些道德的罪行，是兩樣不同的事情。但基督徒經常將這兩樣放在一起：你與上帝關係破裂，你就會犯罪，因為我們有原罪。

　　這個講法產生了一個相當危險的結果，就是我們基督徒有意無意地應為，那些不信上帝的人、沒有跟上帝和好的人，他們的道德肯定是差的。所以當我們見到佛教徒誠心地做慈善功德時，我們會說他虛偽。為什麼？因為我們憑自己的邏輯說他未與上帝和好，他沒理由這般好人。你們有沒有留意到，可能基督教很長時間都有這種思想，我們冤枉人，明明人家是好心的，我們說他不好心。你證明不到他不好心，就說他是虛偽。這十分不公平，為什麼？如果有人說「基督教恩雨之聲的所謂見證，都是假的，都是花招（gimmick）。」你總不想人

家這樣說基督徒吧？「這兩個人信了耶穌後不離婚？轉眼便吵架啦！」如果人家這樣說，你也會不高興，對吧？爲什麼我們又不相信，人不需要跟上帝和好，仍然可以有道德心，可以爲善？我們基督教在這點上，同樣扭曲了別人對道德生命的情操。

不過，基督教還有一個獨特的理解，是相信人道德上的墮落 —— 惡，不單單是從人和從環境來看，還有第三個維度（third dimension），就是靈界的力量、魔鬼撒旦的誘惑。這一點是儒學、中國哲學不會談及的，是基督教特有的。我們要知道基督教在這點上，對罪惡的源頭是賦予多一個重心。

現在我們談道德意向（moral intention），什麼意思呢？你起念（motivation）。用儒學的角度來說，就是自發，喜怒哀樂之發。你突然起惡念、起善念。你起惡念、起善念之前，到底是一個怎樣的結構呢？

我們從基督教的角度來看意向。一個人起念可能來自不同的原因。從基督教的角度，究竟一個人與上帝和好之後，在他的人性或善惡的欲求及起念裡產生了怎樣的改變？聖經說得很清楚，最重要的是聖靈介入我們生命裡面。聖靈亦是一個他者，是上帝的靈，不單單是一種無意識的力量。它有一種提示，是上帝自己，有意志的。聖靈做了什麼呢？聖靈做了幾件事。第一樣就是魔鬼撒旦有時會引誘我們起惡念，聖靈在這時就幫我們抵擋魔鬼。所以我們有了聖靈之後，魔鬼所推動的力

量，有時會成功，但有時又被阻礙。所以理論上，人與上帝和好後，有聖靈進入我們心裡面之後，正常來說，我們應該比較少犯惡。不過我們要弄清楚，不等於沒有聖靈住在心裡面的人就不能行善，要清楚這兩個的分別。

第二，有時我們也不自覺，聖靈當下介入的時候，它會推動我們的信仰向善的起念。這就是很多人信耶穌之後，與上帝和好之後，心裡面突然有以前從來沒有的饒恕的力量。饒恕的力量、關懷的力量、謙和的力量。因為在基督教來說，聖靈可以推動我們直接得到這些力量、想起這些意念，是本來我們沒有想過的。

第三方面，這是「漸」的。剛才我們提到，人性有好幾個基本的需求，得不到滿足時，在社會影響下，有時我們會向著惡發揮。一個人沒有安全感，便會先發制人去攻擊。很多麻煩的人，他們心底裡只是沒有安全感，要不然就不會經常說人壞話，與別人鬥爭，又懷疑他人。有一個劍橋心理學家，窮一生研究道德的心理，退休後寫了一本書問人為什麼會作惡，人為什麼會作善。他找出的來源就是七種最基本的需求，用不同的方式去滿足這些需要時便產生了善惡。有了聖靈後，它能帶給人正面的滿足。正常來說，善的動機是會增加的。

從儒學的角度來說，人的道德善惡都在自己裡面，化念歸心，是心的問題。基督教有所不同，它相信，第一，人犯罪除了自己的脆弱或者成長過程中的機緣等多元原因之外，還有

一個超自然的原因，就是魔鬼撒旦。如果是這個超自然原因令人犯惡，要去除這惡，便需要超自然力量，你叫他力也好，叫甚麼都好，總之是人自我以外的力量。如果基督教相信上帝的靈進入人內心，可以導致人起念多善少惡，那麼人與上帝和好後，實在應該可以讓我們的道德行為增加善而減少惡，為善去惡的機會更大。這就是基督教跟儒學的分別。所以基督教不能完全贊成儒學。例如明代最後一個哲學家劉宗周說，我們真正的修養是化念歸心，令自己妄念不起，就解決了道德問題。在基督教來說，將一切化歸自己內心裡面的構造扭轉，而不考慮第三維度的介入，這是不能接受的。從批判角度來說，儒學這頗為理想主義的信仰，恐怕永遠無法實現。

當然，還有道德行動。從道德動機到道德行動的過程，就更有多樣性，因為還牽涉到意志力量的問題。我想做，我決定做，但我卻做不到。時間關係，我跳過不說。

第四，也是最後一個課題，那就是耶穌。這是一定要處理的，這是耶穌與我何干的問題。這點上，我想提出的是，基督教事實上將西方文化和哲學帶入中國，而中國人不能接受，我認為是非常合理的，因為這不是中國的東西。當基督教將耶穌帶入中國，強調救恩論，就是人犯罪，但耶穌基督的死和復活就代替了你和我的罪，這是代替（substitution）的理論。中國哲學沒有這種思維，這是柏拉圖的思維，是希臘哲學的思維。中國人會認為別人的死與自己無關，為何耶穌的死可以代替我？很多基督徒都不能說明。但我們嘗試用很多方法，例如

說耶穌以愛去感動人。

基督教在西方文化的這個背景下用了很強烈的柏拉圖思想，就是說我們看到的世界都是短暫而個別，但真正的真理是普遍的（universal），那是超現世的理型世界（Idea），我們只不過是分享在理型世界發生的事。這種看法放在耶穌身上，基督教便說，耶穌是理型的、普遍的人性，耶穌死了，我們在祂裡面都死了，耶穌復活，我們在祂裡面都復活。這不是中國人的哲學，叫中國人如何相信？所以「救贖論」在這裡產生了很大的張力。

我簡單一點提出我認為是出路的看法。歷史上最少有六種主要說法提到耶穌的生死與人的生命改變有何關係。最經常說的是馬丁·路德，或聖經上說的，耶穌的死代替我們。我借用蒂利希的立場來陳述。他的講法是說，第一，耶穌是個歷史人物，不過他與人不同的是，他是上帝的道成肉身，所以他擁有絕對人性及絕對神性。其實所有宗教都不外乎嚮往由人性邁向神性的提昇，這種所有宗教都嚮往的生命力，在耶穌身上就具體地表現出來，以致我們知道這是可能的。第二，耶穌擁有這可能性，是因為聖靈給他力量，這叫作「Spirit Christology 聖靈基督論」。這聖靈不單只耶穌有，基督徒也有。耶穌當然是絕對的典範，就是基督教所言的，在世而不屬世，不屬世但不需要離世的境界。其實一切宗教所追求的，都是在充滿引誘的世界裡，我們能夠不受支配、不墮落，而保存高貴的生命精神。同時，我們又不用脫離世界，不吃人間煙火。這正是耶穌

的生命所彰顯出來的最高典範。耶穌在三十三年的生命中，上帝的靈與他同行。在他神性與人性互相交錯時，他可以抵制引誘而不犯罪的這境界與狀態，是因為聖靈與他同住。

　　不過聖靈與耶穌的關係，跟我們的不同。聖靈與耶穌是三位一體，所以它跟耶穌沒有距離。而我們人跟聖靈有分別的。不過，我們跟耶穌有同一位的聖靈。聖靈有令耶穌不犯罪的力量，同樣在我們的生命中亦幫助我們。所以耶穌成為真正的典範，他體驗的力量亦是我們可以體驗的力量。耶穌跟我們的關係是不離不雜，他不等於我們，但並非完全無關，我們可以邁向他的境界。

　　最後我用一段話總結，「聖靈基督論」不單將「基督論」與「救拔論」合二為一，也將基督教與中國宗教的修為終極地連結起來。我們相信世界的不同宗教文化，都是在自覺或不自覺地尋索著，在神人二性的基督身上所完美呈現的新生命。如此，基督就可以跨越文化時間的界限，與每一個追求終極宗教經驗的人拉上關係，在西方如此，在中國也如此。為何我們要考慮耶穌？因為，如果我們追求宗教最終極的完成，在耶穌身上可以得到答案。這是為甚麼中國人不可以漠視的。

哲學與媒體

梁文道

　　多謝大家今天花時間來到這裏，但我很害怕會令大家失望，因為直至這一刻，我仍覺得自己沒有辦法就此題目，與大家分享很多對你們有教益的東西，可能會浪費大家的無盡感情。當初陳強立教授聯絡我的時候，我沒有多想就答應了，其理由為：第一，他是我的師兄，大家都是同一個師傅，師兄的請求不可不答應；第二，是他的理由亦相當合理，我讀過哲學，亦是做傳媒工作，題目是「傳媒與哲學」，好像順理成章，便答應了。但事實上，我很困擾，想了良久，最終於上星期忍不住致電給陳博士，詢問我應說些甚麼。我怕我要說的「傳媒與哲學」是哲學外的東西，以致班門弄斧。得知之前幾位講者所說的內容亦非很學術性，我就放心了，於是強立兄建議我說一些我做傳媒與讀哲學之間的關係；我從事傳媒工作的這二十多年，我的經歷如何；以及哲學對我產生的作用等問題。

　　首先，我想與大家分享一句我很喜歡的話。黑格爾的其中一本書為《法哲學》，此書的序言我認為是我所知的書中，最美麗、或是最令我感動的一篇序言，其中有一句經典的話，

常為後世哲學家或是作政治討論的人所引用：「只有當黑夜降臨，密涅瓦肩上的貓頭鷹才張開雙翼，飛臨大地。」密涅瓦是誰呢？是 Minerva，大家比較熟悉的是另一個稱呼 —— 雅典娜。大家都知道，雅典娜是希臘最重要的神之一，是雅典的守護神，雅典的巴特農神殿基本上都是獻給雅典娜的。雅典娜於希臘神話中既是智慧之神，亦是女戰神，她的出生是從她爸爸的頭部爆出來的。她爸爸，即宙斯，因頭部刺痛，痛了很久，不知何故生出一個女兒。這女兒一出生就很了不起，全身盔甲，一副「格鬥」樣。眾所周知，她亦是一位有智慧的女神。羅馬人接過了希臘的所有神話，卻改用羅馬人的名字，「Minerva」就是羅馬人給她的名字。密涅瓦或雅典娜有一隻象徵的動物，如大部份希臘的諸神般，均有相應或相關的動物或植物作為其伴侶，或是使者，或是代表，而雅典娜的代表則是貓頭鷹。大家小時看卡通，或是現在的圖書，常見貓頭鷹被畫成聰明的動物，或是一些博士，被畫作貓頭鷹的樣子，戴眼鏡、戴帽子。這個聯想其實源於雅典娜，而於雅典的雕像上，雅典娜的象徵動物貓頭鷹都是站於她的肩膀上的。我們知道貓頭鷹這種鳥，是一種夜行生物，於晚間最為精神，張開眼睛，於森林中覓食、捕獵。所以黑格爾說，當黑夜降臨的時候，雅典娜肩上的象徵動物貓頭鷹才張開雙翼，飛臨大地。黑格爾很快於下一句，就該語提出解釋：「哲學總是來得太遲。」

　　這裏的「哲學」可視為學院內的一個學科，亦可照希臘人的理解，廣義地指人類的智慧，人類利用其理性去探求真理的一種智慧、一種學問。此是最廣義的說法，我們常說我的人生哲學是什麼、飲食哲學是什麼，或是跳舞的人亦可有其跳舞

的哲學。在這個定義下，哲學為何總是來得太遲呢？是因為哲學家總是想理解這個世界、想認識這個世界，想掌握、捕捉這個世界，想描繪現實。但是黑格爾認為這個現實不停地流變，尤其於法哲學，社會政治面貌每天在改變，你不知明天會否產生新的政治制度、新的經濟架構、新的社會結構。哲學家很努力地欲捕捉這個社會的面貌，嘗試為她總結出某種原理，為她找一個合法、合理的證明。當你做此事時，你發現你完成了你的工作，世界亦已變了。最簡單的，大家平時看書、走書店，會發現很多書很容易便會過時。記得大約八、九年前，在香港的書店，你會看見一些書的封面是大大的一個成功人士，通常介紹他們為何成功，當中包括如雅虎的創辦人，講述他及其公司為何如此這般成功。而此書出版了還未滿十年，現在還有人看嗎？現在人們看的是雅虎為何失敗了。我還記得，二零零八年金融風暴發生之後，很快有很多書講述金融風暴；再過一年，則有很多書講金融風暴為何這麼快被克服，經濟如何回復正常；此兩年，則出現一些書主張金融風暴仍為社會帶來後遺症，仍未能被處理。

　　所以說，我們若要捕捉此世界，要描繪她的話，就如一隻「跟尾狗」般跟在時勢後面，而你卻永遠慢它一步，這就是黑格爾此話的大致意思。「只有當黑夜降臨，密涅瓦肩上的貓頭鷹才張開雙翼，飛臨大地……哲學總是來得太遲。」哲學家面對此現實世界，欲整理她、理性化（rationalize）她、哲學化（philosophize）她，他們總是慢的、總是來得太遲。那麼，哲學既沒有辦法提供指導，還有什麼意思呢？古代的哲學家曾被視為與先知同一種類型，甚至有研究認為哲學家來源於

先知，此「先知」不止是大家所熟悉的、基督信仰內的先知，拜火教中亦有「先知」。哲學家不再是「先知」，不是前瞻者，他們總在時勢的後面，這種情況下，他們的工作是什麼？他們能作什麼？

　　我大學是修讀哲學的，於我讀哲學的八年裏，這句話常常於我腦內徘徊。我於研究院讀了四年，因爲當時投入傳媒工作而沒有完成論文，最後沒讀成，成爲我師傅石元康先生（亦即陳強立的師傅）第一個未能畢業的學生，真是師門奇恥。石元康先生是自由主義的政治哲學學者，亦對社會政治哲學最感興趣。但你讀社會政治哲學，你想做什麼呢？政治哲學是一門與現實十分密切的學科。

　　最近有一位很「紅」的政治哲學家，美國哈佛大學的邁可‧桑德爾（Michael Sandel），很奇怪他的書於香港亦成了暢銷書。他的書輯錄了他於哈佛大學很受歡迎的公開通識課，一本是說什麼是正義（Justice）的問題，一本是說什麼是金錢買不到的東西。二書均於香港成爲暢銷書，真的很令人振奮！好像讀哲學還是有點前途。而這卻是少數的例外，大部份時候，哲學家所作的只能是「描繪」，這到底有多少力量呢？我常常都在想此問題。在此，我們發現這是時間差距的問題，你追不到她，因此，亦不能快她一步。通常哲學家都會對未來有一些預言，很多哲學家很喜愛說未來的江湖大勢將會如何。但是大家千萬不要相信這些預言，因爲大家很快就會發現他們會「收檔」，關門大吉了。

　　另一位很受大眾歡迎的政治哲學家 —— 福山（Fuku-Yama），他於十多年前寫了一本書叫《歷史之終結與最後一

人》，不知大家有沒有看過。書中預言，因 1989 年冷戰結束，世界的意識形態鬥爭已經終結，將來的世界是一個自由、民主、自由經濟的世界。幾年後，他卻發現世界不是這樣，意識形態依然如故，而且比以前更加複雜、矛盾，或劇烈。

　　既然政治哲學家不能掌握現在，不能預言未來，只能作事後的總結，你與事態之間存這樣的關係，那麼你在座標上的位置在哪裏？此時，有另一位哲學家，或是另一套哲學，可以給我一些啓示，可以讓我了解於此時代讀哲學，當我要處理與現實的關係的時候，我是怎樣的位置。那人當然就是尼采，或是尼采思路的後繼者，於二十多年前於法國過身的一位哲學家 —— 福柯。尼采有一句名言 —— 「不合時宜的沉思」。事實上，尼采的整個思想都很不合時宜（untimely）。「不合時宜」云云，不是要挑戰時代，或是落後於時代，而是與這個時代之間，彷彿構成一個平行的時間軸線；他與這個時代之間，產生了一種很微妙的位差、一種變化、一種光譜的轉移。尼采為何要這樣說呢？第一層意思是，他在挑戰時代的主流思想。不止於挑戰，第二層的意思是，他嘗試問，我們身處的時代是什麼樣的時代、什麼樣的世界，當下這一刻是何狀態。當問這個問題的時候，同時隱含著的、接著的、邏輯地推演下的問題是：現代之中的因果如何？現代如何成為現代？當代如何成為當代？我們是什麼？我們如何可能成為我們？當提出這些問題的時候，尼采的系譜學（Genealogy）就發展出來了。

　　系譜學本來是種家譜學。不論中國人或西方人，通常有個習慣，他們會更改家譜，追溯至某個風光的祖先。如我要更改自己的家譜，更改至我與梁啓超是有關係的。又如所有姓

「文」的人的祖先都是文天祥一樣。系譜學就是在說這些事。但尼采及其後繼者福柯，使之變成一種回溯一組或幾組觀念，考察不同觀念之關係及歷史演變的方法。系譜學以溯源的方式去尋問，「現代」走過一條怎樣的路而成為「現代」，「當代」走過一條怎樣的路而成為「當代」，「我們」如何可能成為現在的「我們」。當你使用系譜學的方法去看你身處的這個世界、這個時代、這個國家，你即會問一些問題，於他人眼中是「不合時宜」的，因為你問的問題要麼太過根本，要麼大家均認為不須問。舉個簡單的例子——「民主」。採取我方才所說的思路的哲學家，都有一個很大的特色，就是他們都不大喜歡說「民主」。當代政治哲學，或當代社會中，「民主」都被說成好的，連北韓的名字都是「朝鮮人民民主共和國」；這個世界已經沒有人認為「民主」不好，只是大家對「民主」的詮釋有所不同。又如「普選」，我們現在才發現原來「普選」也有很多解釋，很有詮釋的空間，使用梁振英喜愛的說法，就是「真普選」與「不普選」之間，還有多種可能性。「民主」本來沒人認為不好，但有趣的是，作為當代其中一個最關心社會政治問題的歐陸哲學家，米歇爾・福柯（Michel Foucault）一生之中所有的著作裏面，幾乎從來不說「民主」這個概念。他經常避開使用「民主」這個字眼，每次論及，亦只說某人所說的民主理論為何，既不正面提出有關民主概念的見解，亦不正面反駁任何關於民主的主張。他晚年於法蘭西學院很著名的「哲學是說真話」的講座中，曾提及「民主」，但依然不難留意到，他對「民主」的態度依然十分模棱兩可。為何要這樣迴避民主議題呢？正是因為他認為整個「民主」的概念，是十分

可疑的。大家心目中，福柯是位十分激進的哲學家，應是相當「民主」，「民主」過了頭才對。就如香港最激進的人，就是說「民主」說得最激進的派別。福柯作為一位如斯激進的哲學家，為何於民主的問題是這般猶疑不決、不願論及，甚而有時過份保守呢？這正是我所說的「不合時宜」。當所有人都認為「民主」已經成為我們這個社會、這個時代中，思考人的關係、人與政府的關係以及社會組織方法的一個很正常的基本參考框架時，福柯後退一步想：「為什麼？」而這種「不合時宜」的態度，於具體的媒體工作中是非常不受歡迎的。方才可能說了一些令大家不太舒服的話，現在說一些我的個人經驗，聽說時下的同學較喜歡聽。

我們常說要掌握時代脈搏，上一代的人亦會教育我們「要知道世界發生什麼事」的觀念，例如走入人群之中，你要知道他們做什麼、想什麼，你要懂得當下的潮流，甚至要能預測其走向。而方才所說的那一套我對哲學的認知，與現在我們在做的傳媒工作，兩者對時代的態度之間有一個巨大的鴻溝，那麼該如何是好？

我於大學時期開始讀哲學，但中學時期已經喜歡上哲學，自己讀，當然讀得很不成氣候。我亦是從中學開始，匆匆接觸了傳媒工作。中五畢業後開始為報紙寫專欄，中六畢業後，隔了一年才考進大學，這一年間，協助一些雜誌社擔當一些兼職的編輯工作，以及「跑腿」、採訪等工作。之後我亦做過電視、電台、網站，參與過一些電影的製作。主流的大眾傳媒種類，我均曾有所涉獵，與我讀哲學的過程同步進行。在我讀大學的時候，仍是一邊讀書、一邊嬉戲，另一邊仍花很多時

間去寫稿、編書、編雜誌等。在這個過程之中，我是如何彌合方才所說的矛盾呢？或者反過來說，是如何去保持該種矛盾與張力，而不是想辦法去彌合呢？

若受過一些哲學訓練，或嚴肅讀過哲學，你會很容易發現身處這個社會，從事媒體工作是不容易適應的。事實上，今天大家都在從事媒體工作，大家用 Facebook、微博，均是媒體工作者。在這樣一個時代，我們很多的公共討論，亦會與一些認真讀哲學的人所受過的哲學訓練有所抵觸。舉個例子：我是很失敗的傳媒工作者，因爲我遠遠跟不上時代，Facebook、Twitter、微博等我均沒有使用。有一些好心的朋友，知道我若與這個時代太過脫節不好，便轉發一些資訊給我，特別是一些重要的討論，所以我仍會看到大家於 Facebook 發表的一些討論。就此，我發現了一個很有趣的現象，不知從何時開始，大概是這一年多期間，大家於 Facebook 談討政治、時事的文章，很流行使用「申報立場」的形式起始。例如討論佔領中環，文章的首段要先說「我的立場是……」，然後才展開他的論述。這個做法的理由有幾個，第一是怕讀者誤會你的立場，你原意是構造一個複雜的論述，而這複雜的論述不太容易讓人一眼讀出其立場。相反，可以想像，簡單的幾句話就不用申報立場了。譬如說，有人用粗話罵特首梁振英，他說：「梁振英我 x 你！」，意思清楚，不須再「申報立場」是吧？又如普選，中央不希望選出一個不愛國、對抗中央的特首，而你亦認爲有些道理，但最後你並不是這個意思；因爲深怕別人誤會你，所以你先申報了立場，而只有這樣才會令大家有耐性閱畢整篇文章。另一種情況，現在香港有

太多這一種「立場鮮明」的討論，我們每天都會去追問不同的人其立場為何，要他表明站在哪一邊。這不單是政治意見或背後的政治主張、意識型態、價值選取上的不同，而且是道德感上的差異。遇上與我立場不同的人，於大陸稱為「腦殘」，即智力有問題；或說你是「五毛」，道德品格上有問題；或叫你「帶路黨」、「漢奸」，也是說你品格有問題。在香港也一樣，有各種說法，去形容不同的道德立場，而這些道德判決，與政治表態相扣連。甚至乎，我看過一些很有影響的作者，他們的博客（部落格 Blog）清楚地聲明：「我寫這個博客的目的就是為了譴責小人！」凡此種種，會使那些認真讀哲學的人難以適應。其原因是，我們所接受的哲學訓練會使人幾乎每一日都與不同的人進行各種不同的辯論，而一些時事、政治、哲學的辯論常常牽涉到立場差異，但我們往往無法迅速地將這些立場的分別延伸至道德價值或是人格品位上的高低。很難想像哲學課堂上，當一個老師與一個學生進行哲學論辯的時候，學生譴責老師：「你這個走狗！小人！」接著老師指責該學生：「你這個腦殘！五毛！你跟我滾出去！我現在就是要打壓你！」

　　哲學討論會假設我們身於一個理性的平台上，即使有很多哲學家懷疑其可能性，但仍可有這個假設，當我們進入理性討論範圍後，共同服從某些規則，服從推理的一些規矩、步驟、標準，用日常的說法 ── 對事不對人。可能仍有憤怒，會罵人，但你知道這是不恰當的，你對辯論對手動氣之後，事後甚至會後悔，認為自己不對。或者你心內的鬱結得不到抒緩，但你看見辯論對手的時候，仍會很客氣地掩飾自己，來寒暄，

來表示友好，即使心中自知未能放下。舉個簡單的例子，兩個
月前有個很有名的哲學家逝世，他擅長法律哲學、政治哲學、
倫理學，名叫德沃金（Ronald Dworkin），是當今最重要的法
律哲學家之一。他早年於牛津大學讀博士，指導他的老師是他
上一代很重要、很偉大的法律哲學家哈特（Hart）。當德沃金
交了功課後，哈特看過就肯定了他於哲學的潛質。但事實上，
該文章的內容就是反對及回應老師的立場。哈特主張法律實證
主義，而德沃金主張，法律離不開道德的設定、假設、規律，
不能如事實（fact）般看待；兩者的立場南轅北轍。德沃金離
開大學那年，成了很重要的哲學家，亦出版了幾本很重要的
書，如《Law's Empire》等。這些書批判其師傅的立場，而且
是徹底否定，眾人亦認同其否定的成功，即好像他的書出版
後，他師傅的那套哲學理念則不再可取。其後，本為首席教授
的哈特將要退休，即推舉完全否定其理論主張的德沃金接任。
哲學界不乏這些例子，如馬克思主義者柯恩（G. A. Cohen）
與自由主義者羅爾斯（John Rawls）與極端自由主義者羅伯
特・諾齊克（Robert Nozick），三人辯論經年，但均互相尊
重，參與學術會議時表現客氣，很認真地研讀對方的論點，其
原因非在裝斯文，而是真的視對方為對手。對哲學家來說，對
手的存在實在很重要，如若沒有很偉大的對手的話，你也不會
是很好的哲學家；只有很厲害的對手存在，才能刺激你建立更
精巧、更細緻的論證，才能超越本來的局限，開拓從前想不到
的新視野，所以對手很值得你去尊敬。於當代哲學史中，這種
本是論敵卻私下友好的情況十分常見，這亦是我所理解的處理
哲學問題討論的應有之道。

但是當前香港的公共討論並不如此，或者「公共討論」本身就不是這樣，我們的公共討論通常變成，每每看見對方均罵之爲狗，要潑他骯水。或許香港的立法會議員如台灣的立法會議員般，於電視機前「打成一片」，電視機後則相愛相親。我認爲若你堅持這種討論方式，或者以另一種方式，如前所述，打從一開始就認定自己是君子、是對的，發表看法的目的是打擊小人、奸惡，則何以於今天的公衆討論中與別人平心靜氣地討論？事實上，現在港台的很多主持人其態度都是這樣。姑且使用「小人」這個用語，對受過哲學訓練的人來說，其困難在於，怎麼知道誰是「小人」？又怎知我對你錯？未經任何討論與挑戰，誰有辦法證明自己站於絕對正確的立場呢？從古希臘開始，先賢便教訓我們「哲學」不是一種聰明人的學問，不是一種教你如何佔有智慧的學問，而是一種追求智慧的學問。若認爲已經擁有智慧、很聰明、絕對正確，那是智者（sophist）；而我們是愛智慧的人（philosopher），不佔有智慧，我們不能先於任何討論，宣稱我所說的都是對的。憑此，則很難接受「就是爲了打擊『小人』！」這種議論方式。

於我而言，二十多年來，我對自己所寫的東西沒有抱很大的信心，甚至隨著年齡的增長愈見如此。不是寫作技巧或能力的問題，而是其觀點我不能夠百分百肯定。當然寫時事評論的時候，你要很明快地說出你的「意見」，但對我來說這永遠是困難的。不論是寫專欄或於其他平台給意見，我均感辛苦，因爲我體會到提出一個意見是多麼的困難。所以很多時候我致力於表達一種態度，即「我所說的是一種『意見』」的態度。「意見」不是「真理」，是一種有待考驗、有待討論的見解，

因此我寫作時不能使用某些字眼。但中國大陸的時事評論、公共討論，我訝異地發現很多學者或是我的同行，他們說話是如此的大氣勢，時時說「這絕對不是什麼」、「這肯定要什麼」。我很怕使用這些字眼，因為我真的不能這麼肯定，我不知道世上有什麼是這般絕對。在我提出意見的時候，真的不知道是對或是錯，因此在理論上與邏輯上我始終不能跨過這個關口：我如何能將政治或是公共討論的不同意見化約至人格的高下差異？我在批評一些我很不悅的主張，及其提出者的時候，是不願意用這些字眼的，例如「共狗」、「賣國賊」等。我無法認定他們是這樣的人，我假設他們都是好人，或者他們與我有相同的理性，是有相當道德標準的平常人，以此為討論問題的基礎。

　　香港當前的政治意識形態鬥爭如此劇烈，對我而言不難發現其中很多的討論失卻了一些政治討論必需的要素。得強調現在所說的是政治討論，而非哲學討論。大家可以說我以上所說的是書生之見，但於政治討論之中，語言或是討論的作用是為說服別人的。發表政治意見的時候，其意圖是說服一些與我們不同意見的人，或是強化與我意見相同的人的一些信念，或是深化與我意見相近的人的一些立場、理念、見解等等，這是政治討論的作用。經過這樣的討論，隨後的種種社會行動、政治上的決定有機會受到影響，這就是政治討論、公共討論重要的地方。公共討論難免與哲學討論有著相同的框架。姑且用哈貝馬斯所說的「公共領域」（public sphere）的概念，公共領域不是像咖啡廳、沙龍這般簡單的可見空間，而是背後要有一個理想的溝通情境存在，於此情境下，有其最基礎、不能擺脫

的準則規範著我們。這同樣能套用至政治討論之中。我很驚訝地發現，很多人在政治討論中並不是在作說服工作。我不太懂如何去形容，舉個簡單的例子，我們時常聽到一句話「這些懷佬！」。他們一般都說髒話，只是這裏是大學，而且我們身處教堂之中，故不便道出。我們經常聽到他們聲稱要「鬧醒佢」，而我不太相信，這種「鬧醒」是種有效的說服手段。大部份情況下，一個人被罵，特別是被髒話罵，其反應不會平心靜氣，常見的是更堅定地堅持被罵的立場，爲此而去保護、捍衞尊嚴。責罵實不能「鬧醒」別人，反而使人愈來愈遠離你所相信的一套觀念。但若你不是想「鬧醒」別人，而是意圖說服別人的話，我則要說，你必須先了解對手身處的位置，他的想法爲何，你要設身處地同情理解他的立場及觀點。如在座聽我說話、與我分享這個空間的所有人都是我的夥伴公民（fellow citizen）、同伴（或譯「同胞」，我不太喜歡「同胞」這個譯法，因爲「胞」字含有血緣概念），政治討論既然發生於一政治共同體（political community）內，我得視其他人爲夥伴公民，了解他們的立場爲何與我不同，他們身處怎樣的位置，他們如何走至今天這個地步；同時，我亦要想，他如何令我走至這個地步。但今時今日的政治討論，此設身處地理解對方的基本能力，甚至是理解的興趣，均失卻了。很多人深怕香港「大陸化」，但以我近年往來大陸與香港的觀察，這幾年香港的政治討論已經「大陸化」了。這個「大陸化」不是精準的說法，我所指的是過去於中國大陸的某些時代、某些場合的一種惡劣的討論模式。

　　所以，一個認真讀哲學的人與這個時代的風氣會有很大

距離，以上所說的只是其中一個例子而已。我還能從我的經歷中舉出無窮個發生矛盾的例子，包括剛才我說的我不用Facebook、Twitter、微博。但這亦牽涉到其他問題。我除了讀哲學外，還是一名佛教徒，它對我當然有一些限定與要求，譬如說對待「我」、「自我」的態度。我不是說這些媒體普遍地對所有人有損，奉勸大家不要使用，但對我個人來說，它們蘊藏很大的危險，是刺激「我執」增長的源頭。我擔心我的文章於 Facebook 張貼後，我會定時登入留意有多少人「like」，當很少人「like」我會很不愉快。我亦擔心，我會否為了更多人「like」而作一些違反哲學訓練所要求我的事情，如使自己的文章簡單一些，或是立場鮮明一些，或是為了得到某些人的歡心而寫作。例如我若發表一篇文章，指出「香港政府這班人都是狗來的，不應在這個世界上生存」，發表後有幾百人「like」，有人回應說「講得好！這些狗應該打！」。「打」，比我還要「激進」？我擔心我會否沉不住氣，要比他更「激進」而說道：「不止要打！還要殺！」有人若回應：「講得出要做得到！」那我是否要說：「好！我明天就去！」事情是否要變成如此呢？我看著無數的共公討論愈來愈激進，其實大概都是如此發生。我很擔心若我在「新浪微博」開帳戶的話，會否一開始便被加上一個「V」，成為「名人」呢？而這個工具本來是平民百姓、庶民之間平等交換訊息的平台，為何要重覆主流媒體中經歷了幾十年的這種層級模式呢？我會否因其帳戶的開設而變得很在乎？值得一提的是，微博這個網站很特別：Twitter 使用「follower」形容追看某人博客的網站使用者，「follow」這個行動非必然是「fans」，他

們可以是你的「friend」而只「follow」你的動向；而「微博」使用「粉絲」這個稱謂，即每個使用者均認為自己是明星，我母親看我的微博而變成我的「粉絲」，其實她崇拜我，生我幾十年，我現在才知她暗裏崇拜著我。我會將自己舉至哪個高度呢？我會開始比較，梁文道「粉絲」才幾千，而趙薇有十多萬。我深怕此等情況的出現，我怕自己受不住誘惑，所以我索性不使用這些媒體。我對自己不太有信心，因我知自己的有限。所有的宗教，基督宗教或是佛教，都從不同的進路去警醒自我膨脹的問題。這些警告能幫助我們看到自身的盲點。你可能很難才能看到自己的盲點，但起碼有這麼一個心，嘗試去留意，留意自己會否變得太過盲目。我很擔心自己若使用Facebook、Twitter、微博之後，會慢慢失卻一個冷靜地退後一步用以找尋自己盲點的能力與機會。我不是說我以後都不會使用，而是直至現在這一刻我並不敢去使用，所以我並非奉勸大家不要再使用這些媒體。大家儘管使用，因為這只是個人的考慮。

　　為什麼我要用這些例子去說明我所讀的哲學、我的宗教信仰，令我投身傳媒工作是何等的困難呢？以上所說的，是我跟不上時代，不是合格的媒體人。但所有這些，都是為了說明一開始所說的主張，即一個認真讀哲學的人與這個時代之間的差異。這個差異是否不好？

　　現今社會有一種流行的價值是，要跟上時代。我們常常說什麼是「in」與「out」，我們會認為某些事物跟不上時代就是不好，是「老套」、「落後」，應被拋棄。哲學固然有多種方法，我所認知的哲學的其中一種思考方法，是方才說的

「不合時宜的沉思」，或曰危險的故意的落後，離開這個時代以求向這個時代提問。此方法本身已經設定了你要「out」，要跳出去、走出去，保持距離，以更清晰地察見自己身處怎樣的處境與位置，你與其他人的關係為何，為何一起來到這裏。從事傳媒工作而能保持此種時間的距離的話，你會做出一些不同的事情，有人會很難接受，有人會認為是挑釁，但對一個讀哲學的人來說，我會認為起碼滿足了我在哲學上所習得的要求。舉個例子，或許在座部份人看過我做的電視節目，我做節目有個習慣是，不太喜歡用一些字眼，例如「各位親愛的觀眾朋友」、「下次再見，拜拜」。我明白做傳媒很難不弄虛作假，但此等弄虛作假太過明顯。我不是說我平常很誠實，而是我在意我在傳媒工作中是否誠實（integrity）。這是有因由的。第一，我錄影的時候只是對著錄影機，除了攝影師、燈光師等工作人員，我看不見其他人。我從來都不認識觀眾，既然不認識觀眾，他們又如何可能是我的朋友？既不是朋友，如何「親愛」？所以我不能說這句話，這句話屬大話。或許很多人會認為這樣很傻，計較一些細枝末節的東西。但不是！媒體今天成為製作幻覺的機器，此幻覺的基礎就在此等細節上。正是因為主持人露出微笑，親切地說「親愛的觀眾朋友」，作為觀眾的你才會感覺跟他很熟，將他的話、聲音、笑容人格化成一種與自己很親近的友好關係。這是整個產業的謊言的一個細節。我憑什麼跟其他主持人不一樣？我能否於這些細節上「out」出去？你或許會問我這樣做有何意思，反正大眾不會察覺。可能真的不太有意思，但「不合時宜」的行動或沉思，從來不一定很有意思，它只是喜歡讀哲學的人於其專業上的一

種要求。

　　此種不合時宜的思考方法，當然會產生不同的效果。我一直沒有說讀什麼樣的哲學書會怎樣影響大家對事物的看法。事實上，讀任何一類的哲學多了、看那一類的書多了、思考多了，確實會影響你看問題。例如我用了很多年的時間，研習福柯這位哲學家，這當然會影響今天的我看待政治問題。譬如，現今政治討論最流行的一個問題是，普選特首應否有「門檻」？隨之而來的問題是，設門檻的選舉是否「真普選」。中央政府某些人指出，此「門檻」的設置是爲了未來的特首「愛國愛港」，不會對抗中央。於是引發了大家的討論：什麼是「愛國愛港」？怎樣才算「愛國」？怎樣才算「對抗」？但從福柯主義者（Foucauldian）的角度，我不會如此看待問題，我的看法是：「愛國愛港」不是重點，對抗中央與否亦不是重點，重點在於「預選機制」，因爲他（中央）要有預選機制，所以發明了「愛國愛港」或是「不能對抗中央」等說法。假設全香港的人均「愛國愛港」，均不會對抗中央，預選機制同樣可能出現，不過會使用另一類理由，如要保證未來特首照顧本土情緒，太過「愛港」亦不可。這奇怪、不合時的思路即是福柯主義者的思路。如福柯本人說，重點不在於那些犯人犯了什麼罪，而在於監獄的體制需要罪犯，社會的這個規訓體制需要罪犯的存在去合理化此體制的存在。若沒了罪犯，此體制就失去了合法性（legitimacy）。所以，罪犯的含義是流變的，有時精神病患者是罪犯，有時同性戀者是罪犯，總之不能讓罪犯的意涵落空，只有於不同時代「塞」一些對象於「罪犯」的意涵當中，才能保持其體制的運作。我用這個方法去理解當前中

國共產黨政府，發現其權力運作模式是一樣或接近的。大陸的「維穩」工作，真正的作用不是維持社會穩定，恰巧相反，是要確保這個社會有些不穩定，太不穩定會衍生革命，但一點不穩定性是必需的。有些人本來不太壞，政府用「維穩」的方式使之激進化，成爲維穩對象，這樣才能合理化中央政府龐大的資金投入與編制，以及將權力伸展至社會每個角落的做法；要使社會緊張，因緊張的存在，才使動員有理由；要有一些不安定，有不安定，類似警察與國家的存在才有理由。所以「維穩」不是因爲不穩定而要使之趨向穩定，相反，其目的在於造成社會的不穩定，以維持其體制。香港情況也是一樣，政府不怕香港人反共或是成爲其敵對勢力，而是相反，它需要有敵對勢力，若沒有敵對勢力，中聯辦就沒事可辦了，這樣的結果是嚴重的，會真的變成「港人治港」。

當然，還可以舉出很多例子，說明某種哲學書讀多了會以一個怎樣的方式看待事物，它可能形成一個盲點、一種偏執，可能面臨種種挑戰，不大經得起考驗。所以，返回一開始說的原點：讀哲學的人，或者在我的角度，不止讀哲學的人，做傳媒工作或做任何公共討論的人，都應該假設自己不代表真理、不佔據真理，自己提出的意見是等待檢查的。每次討論，均應很真誠地期待該討論是真的討論，你能夠從中學到一些東西。你能預期自己的立場或觀點的一些修正或修改，而不是只爲進一步鞏固原有的看法。你期望說服別人，亦預期一個可能被說服的空間。若你從來不打算被說服，那麼你不如不去討論。若你接受不了自己可能會犯錯，那麼你亦不應去討論。若你不能容忍自己的品格不是高過其他人、高過你的對手，則同

樣地，不如不去討論。

　　我大致說到這裏，看看大家有什麼批評或是問題，我再與大家一起討論。謝謝。

問答環節：

問：我覺得你剛才想說的重點是所謂的真相、正確。主流的不一定是正確的，不一定是適合我們的，你說的很有道理。我知道梁文道先生是佛教徒，那麼你每天是否靜坐？靜坐多久？你覺得靜坐對看書的效果、專注力與領悟力的提高有否助益？收看你《開卷八分鐘》的節目，很奇怪為何你能看如此多書，你平常每天看多少書？我希望你能繼續主持《開卷八分鐘》這個節目。

答：謝謝。你的問題比較個人一些，不過我會嘗試回答。佛教有很多不同的修行、派系傳統，我所學的是南傳佛教，即中國人說的「小乘」，就是較盛行於泰國、斯里蘭卡、緬甸的那一種。我們主要的修行方法，就是你說的坐禪。我每天都會坐禪，但其實坐得很差勁，每天都坐不到半小時。如果有時間，我會希望自己每天起碼能坐上一個小時。但其實不一定要如此複雜，你可以於日常時間，如坐車、坐巴士時靜坐，一分鐘也可以。你問及坐禪有何功效，我知道時下很多人學習坐禪，印度教式、瑜伽、佛教等，各家都會說提高修習者專注力，讀書更有效率，個人會更突出，情緒亦會更好等。此等說法我認為都可能成立，坐禪要求修習者於坐禪期間不進行思考，放自己於一個觀察者的角度，而不發生任何的念頭與雜念，就算是有發生，亦要由它去，而你則如一面鏡映著它過，有情緒出現亦然，看著它過，你不會有任何雜念。我每天「最低消費」，坐禪半小時。以我這幾年來的經驗，現在的年輕朋友初學坐禪，比以前的人更困難，很多人甚至「數呼吸」一分

鐘或兩分鐘這般簡單的事也做不到。我們現在都太忙了，看書也不能專心，看十分鐘就得看看手機、平板電腦等。所以現在的人的專注能力比過往的人低了，所以我認為坐禪變得愈來愈難。另外，我坐禪很少去想功效的問題，事實上佛教徒的說法就是「沒有目的地坐」，即你坐禪時千萬不要想，如今晚多坐半小時，那麼明天讀書又會多快四頁、五頁等。若你這樣想，就不可能坐得到，坐禪是不能想這些的。所以若相關人士被問及為了什麼而坐禪，坐禪有何好處，他們得要如上述般回應。若把好處、效果想得太多，你就坐不好。另一方面，有關讀書，其實這不是一個很難的問題。我常常被問及主持有關讀書的節目是否看了很多書，要看得很快、得花很多時間等，但我認為這些都不難，在場很多人都做得到，每天看一本書有多難呢？真的不難，不過是你安排生活各項活動的先後次序問題。我於內地不同地方的一些讀書講座中，常常被問及每天哪有這麼多時間去讀書。但其實怎會沒有時間？你有時間去跳舞、唱歌、玩電玩，有時間用一個晚上於 Facebook 上，接著你說，你很忙，沒有時間看書。有時聽說有些朋友每天要外出喝酒，花很多時間打麻雀，然後說自己沒有時間看書。得留意，我不是說以上活動不好，而是說時間不是問題，關鍵是你認為看書於你而言有多重要。若你認為看書重要，你時間的排序就不會是先玩電玩、先發送電郵，而是相反，先看書，剩下的時間做其他事情。所以我沒有什麼秘訣，只是將看書放在優先。亦因此，在生活上我有一些問題大家千萬不要仿效。我常常得罪別人，因為常常隔了很久才回覆別人電話、電郵。我曾兩個月沒有回覆別人的電郵，原因是沒有時間，我忙著看書。對我而

言，看書是功課，我每天都要看書。還未看完，我的稿也不交，只因看書於我而言，重要至如此地步，其他的都得排在後面。

　　問：你好，我想請教你一個有關讀書的問題。我之前看過你的新書，發現你讀的書很廣，想請教，你是不是按興趣去讀？另外，我也想請教你，像我們大學畢業以後，我們的工作可能不像很多人一般有一個專業，那麼我們如何選擇看的書呢？你可以分享一下你的讀書、工作的經驗嗎？如果興趣很廣泛，怎樣去平衡，怎樣達至合理？又怎樣找到自己的讀書興趣與讀書的習慣呢？

　　答：我不太明白你為何會有這個問題。假若你畢業後的工作是學者，那你可慘了，因為你所讀的大部份書都和你的專業有關。若你畢業後從事的工作與讀書無關，那你應該比那些學者或負有專業的人自由得多，因為你的工作不捆綁你讀書的類型，你便更能放縱自己，任憑自己的興趣轉變而去讀不同的書。怎麼會有問題呢？你怕不平衡，怕某類型的書看得過多？為何要怕？為何要平衡？除非你對任何類型的書都不放過，或是要求各類型的書都閱讀特定的數量，如我要二十種學科的書各看五本。但這種行為有何意思呢？這樣讀書會很不快樂吧？所以我認為不要擔心這些問題，平衡與否的問題並不存在，憑興趣去看就可以。我也是如此，我每天花最多時間看的依然是哲學的書，我讀書常會考慮不同的時效、當下的情況以及自己的興趣，綜合考慮。另一方面，自己的興趣確是比較雜，因此

我做不了學者，我讀書不成，就是因為我興趣比較雜亂。但亦因此，讀書上我還是頗快樂，沒有什麼大問題。對不起，或許回答不到你的提問。

問：我有幾個問題想提問。首先，你方才提及，公共討論與政治討論在時下香港均不太理想；另外，互聯網亦有很多激烈、激進的言語。但是這些激烈的討論，用上很多不中肯的言語，會否有一種好處？我想到一些例子，戰國時代的韓非子，就用「五蠹」、「非十二子」（出自荀子）等等不太有禮貌的字眼與其他的學派辯論與爭拗。另一個是你指出的「立場」問題，我們每人所相信的不一定是真相，得預留空間與人討論以發掘真相。但如是者，我們得預設自己所相信的不是真相，那麼這種討論會否有問題？我又想到一些例子，從早期的《新民叢報》，到現在的《文匯報》、《大公報》等等，均有自己的立場，站定立場與人爭執、辯論，不作任何退讓。他們堅信自身的立場，就如我是天主教教徒，不會接受伊斯蘭領袖主張的《可蘭經》的真確。就此，你有何看法？

答：謝謝你。首先，我所說的狀況是一個很理想的狀況，於大部份時代與社會均是不能達成的。我不太明白你所說的第一個問題，為何有「好處」？你說韓非子這樣去攻擊、責難他人，其「好處」是什麼？我不大了解……〔發問同學回應：我的意思是，能幫助發掘真相，他將自身置於一個立場之中，接受更多方面、更多人的攻擊。〕你是否指能將其立場推至極致？這樣的話當然可以，但我欲指出，人類的辯論有其歷

史，歷史上因為辯論動氣而大動干戈的情況十分常見，即如韓非子的情況其實亦屬小事。具熱愛辯論的文化的地區，如印度，阿瑪蒂亞・森（Amartya Sen）寫過一本書，《The Argumentative Indian》，當中表示佛教早期亦是一辯論的宗教。印度人很喜歡辯論，他們對辯論之投入，以至於輸了就要自殺。那些辯論有特定的規則，有見證人、觀眾，若一方輸了，該方則會於見證人、觀眾面前自殺，這才表示競爭。這是印度流行了很久的事。但以上我所說的，是道出一種現代化了的世界，當中出現了領域的分化，即我們開始將某些事物分割出來，此時，我們開始相信理性資源（Rational Resource）有其自主性，有其自主的邏輯須要服從；在服從這自主邏輯的前提下，我們的辯論方式要有所改變與調整。所以，並不能用你方才說的例子或是我說的印度的例子，來回應我指出的理性論討的合理性。當然，我們可以追根究底地去問，我所說的這套共識，是否最好的共識？就我目前看來，我認為這套共識、這個討論模式是一個比較好的選擇，它可以減低政治共同體發生劇烈轉變的機會。同時，得留意當代的這種政治討論，其背後所設定的政治共同體的權力運作，與你方才說的韓非子的情況很不同。印度的討論多是有關宗教與哲學的討論。韓非子、諸子百家的年代，很多是政治討論，而其對象與聽眾是什麼人？他不是為了說服儒家跟從韓非子，亦不是要說服老百姓令其認同法家，他們是對皇帝說話，是要說服皇帝。但當代的政治討論所設定的政治群體中，權力並非如此分布，我們是假設我們的話非向特首說，非向中央政府說，而是向群體內的所有伙伴而說，因為我們相信當代社會的政治共同體或政治群體，權力

平均地分散於每個人之手，如若意圖影響政治走向，我們是訴諸公民，而非皇者。當我們訴諸公民的時候，即使那些與你不同意見的人都是你的公民伙伴。在此等情況下，若從實際的理由去考慮，一些使用激烈言語的討論模式，其效果或許不能如此理想。有關你的第二個問題，你提出有否一些立場，我們必須相信其為真。大部份情況下，我們當然相信自己所說的是真。正因為現在我相信我所說的話是對的，我才有表達出來的需要，我不會將確實知道為假或錯或不太可靠的東西道出。當然亦有例外的情況，我會說一些可能有意思或者促成受眾更多想像或思考的想法，即使未必對，甚至很多可能是虛構的。回到你所說的情況，當我們將我們認為絕對正確的立場拿出來討論，如何可能判別是非？所以我們假設了一些事情於理性討論中，是高於你的立場的，是有邏輯規則存在的。我們是主張你要懷疑自己所說的有其不正確的可能，你得能夠接受、或是願意接受你的意見即使你相信為真，都無可避免地要經過這樣一個理性法庭的審判，僅是如此。

　　問：我有幾個頗感困惑的問題。我並非修讀宗教或哲學，我是修讀新聞的，聽過你所說的這種「不合時宜」的想法後，我欲提出的是，新聞是有其新聞價值（news value）的，很多時主流的新聞價值，均是平常人的。但「不合時宜」的可能是一些別人所看不到的事物，那麼這些事物如何有其價值？這些可否成為傳媒討論的事物？另外，方才也有提及，香港的公共討論很多時均變得如內地般，變得好像香港人愈反抗其中國人的身份便愈陷入這個體制之中，愈抗爭愈反對便愈變得是

相同的一群人在討論同樣的東西。那麼可有辦法避免成為該體制的一類人？個體的聲音很小，身為一個從事傳媒工作、新聞工作的人，可有辦法改變此現象？另一方面，我發現我投身大學生活後，書少看了很多，在自己修讀新聞的過程中，發見自己更喜歡文學、電影，更藝術的東西，因為新聞瞬息萬變，很多時候未經思考便過去了。因此，想請教你如何看時下的新聞。

答：你的問題牽連甚廣，我嘗試去回答。首先是「不合時宜的思考」可有價值的問題。當然，我認為是有的，要不做來幹什麼？但這價值是否值得傳媒報導則很難說，可能是不值得的，可能即使你說了，大家都不理睬，因為傳媒的眼睛是被操控於別些坐標的。現在大家都很流行說「本土文化」、舊區處理問題。但十多二十年前，我們就有一個保護（九龍）城寨的組織，我是該組織中年紀最小的一個。有趣的是，當時傳媒都不大報導，報導了也是說這群人是瘋子，認為城寨的失落並不可惜。時至今天，再看此事，可能有一些年輕的、未見過城寨的人亦會認為，城寨這種烏煙瘴氣的地方，保留下來沒有意思。但是於我來說，城寨是香港歷史上其中一個最有趣的空間，是建築史上的奇葩！很多日本學者專門來考察城寨，並出版了很多書。若你當年有機會到城寨，你於一大廈的七樓，會有天梯到對面的大廈，過到對面是八樓來的！是一個謎、一個蜘蛛巢城，如迷宮一般。若大家認定是烏煙瘴氣，你是不能理解於城市發展的過程中，有多少事物是被排除了的，有多少事物於城市發展的邏輯底下是活不下去，而要被迫進入這些空間

的。這些空間於今天的香港已經完全泯沒了。當時很多人會去
看廉價牙醫，那些牙醫大家均認為沒有品質保證、很危險。其
實並不如此，他們很多都是從台灣學成回來的。為何我們會認
為從台灣學成來港的醫生很不濟？因為他們不受香港殖民地保
留至今的醫療體系運作的承認。整個城寨是香港的一個異空
間，它將這個城市內所有被我們排除的事物集中於該處，而且
扭結出這麼一群有趣的建築。二十年前，我們提出這些看法的
時候，傳媒一點也不關心。但現在傳媒忽然最關心這類問題。
反過來，你可以說傳媒亦是「不合時宜」。另外，你提出現在
從事傳媒工作的反抗問題。這個問題其實很廣泛，很難一概而
論。請留意，我不是說我們身處香港最好還是不要反抗，不是
說我們愈激進地反抗中央，下場愈淒慘，還是做順民好，我並
沒有此等意思。我想說的是，我們做順民還是會死（哈哈），
只有從第三種方法尋找出路，用「thinking otherwise」的方法
去打破這種恐怖平衡。這條出路到底是什麼，我也未確實想得
出。你提出的問題牽連甚廣，涉及到我如何於反抗它的過程當
中，令自己不與其他人一樣的問題，或是我一個人可以做到什
麼的問題。重點在於，你「一個人」不要令自己的大腦被殖
民。其意思為，我們的大腦、思考不要被異變。我看過太多這
樣的例子，我愈是將某一類人、某一類機器、某一個國家的政
權當成是我的敵人，我與它們的關係會成為互相仇恨的關係，
於此關係下，很多人的思考方法慢慢變得愈來愈似他們所憎恨
的敵人。再赤裸一點說，我見過很多從事民運的人，反共反了
幾十年，最後自己成為共產黨，說話的腔調亦變成一樣，飯聚
喝醉後，揚揚道出：「又是一道春風吹拂大地！」為何反共的

人，開始變得一樣霸道，一樣陰謀論，一樣容不下異己？很多時，愈是將一個敵人當作對手，時間愈久，便愈會跟著它走。如下圍棋，形勢如何，很視乎對手如何，對手開了一個如何的局，就得跟著，你能否突破開去，很看你能否於該過程中，保持清醒的大腦。這就是我說的不要被殖民的意思。不令自己變得如此，一種方法是不要把它們當作敵人。我從來不將任何人當作自己的敵人，因為敵人的存在會將我變異。你反一對象一輩子，到最後你變成了對象那樣，有何意思呢？最後，你提及現在做傳媒很是瞬息萬變、太快，沒有沉澱的機會，致使你更喜愛文學。我認為這不太打緊，亦沒有甚麼矛盾，你不須有「轉肽」的想法，因為歷史上很多出色的作家，均同時從事新聞工作，《百年孤寂》的作者馬奎斯（García Márquez）其實亦是一名記者；眾多很出色的藝術家亦是從事新聞工作的。當中問題不太，恰巧相反，一個從事新聞工作的人，需要廣博的人文基礎。我不認為美國式的工藝教育訓練必然很好，但某些地方實具借鑒價值。浸會大學每年均會請一些與美國新聞工作有關的人士到來，你應該很了解美國的那一套模式為何。其新聞學不是學士課程，而是研究生的課程來的，它是假設學生於學士課程中習得其他領域的基礎，才到研究院接受專業的新聞訓練。這有其道理。我認為若能於我們的教育體制下，接受香港現今的新聞訓練，同時努力擴充自己的知識、修養，應是一件好事來的吧。

　　問：你好，我是宗教及哲學系的學生。很多時，我們有很多非主流的思想，但我們身處的世界卻很現實，與那些思想

總有衝突。很多時即使我們知道於一個公共空間討論應抱持如何的態度，但很多非與我一樣有此態度的人，對我則可能有攻擊。那麼當你面對這些人的時候，你會如何與他們討論？

答：我也不太清楚。我的想法是這樣的，若你很有技巧，你仍可以繼續討論的，運用技巧，使對方接受不到的意見，也能被對方或其他人聽到。但若你感到困難，你可以堅持使用你的方法繼續說話，甚至可以不說話。其實，都可以，是一個選擇，看你說話的目的為何。若你認為你的看法很重要，不得不說，你自然會說；若不是太重要，則可能選擇隱藏。我不能解決你的問題，我只能說有何可能的出路。這類問題通常聯繫到當今網路時代的討論，在 Facebook 上尤見其嚴重性。Facebook 實是部落式的一個東西，即以一群 friend 為群體作分享交流。我們發現，一些火熱討論的政治問題、能引發很多不同人士的分歧的問題，參與討論的朋友間會有一現象 — 大家的意見會趨同。其原因是，當一些人感覺到你可能受到的壓力，他們會想辦法修正、調整自己，使自己更容易識辨（recognize）、接受；而一些受不了的人，他們便會走，走了的人的聲音，以後在這 Facebook 的部落當中便不再被聽到。留下來的人的聲音，便變成只有一種聲音。雖然某些群組中有幾十個、幾百個人在 like、在討論一些事情，好像人多勢眾，但實質只一個聲音。我認為這是現代 Facebook 式的公共討論的危機之一，它將很多不同意見的人分散於不同的部落之中，其實大家是老死不相往來的。若你今天是「熱血公民」的成員，可能一輩子再沒機會接觸「愛港力量」的那群人在討論

些什麼、在想些什麼，因為你們不會結交，你想加入對方做朋友，他們也可能拒絕你。交往被中止，大家各自只能聽到該類人的聲音。亦因為你花很多時間於該群組，久而久之會出現一種幻覺，認為社會主流就是這樣，但其實可能只是幾百人的呈現。

　　問：梁先生你好。我的問題是關於你方才所講的政治討論模式，你方才所說的政治討論形態很有哈貝馬斯（Habermas）的溝通理性（communicative rationality）的意味。我的問題是，你提出的政治討論很理想，但於實然的情況中，以我們香港為例，依然存在很多所謂「民智未開」的情況。即使是我們大學生，可能因對政治的參與未必很投入，或是對政治沒有充足理解等等，他們未必能很直接地投入政治討論。若單純採用這個模式的政治討論，其成效會否有問題？另外，近年很多人認同人民力量、社民連等政黨的政治行為，很明顯這裡不是梁先生所說的政治討論模式，他們好像沒有很投入討論，而是單方面地指責他人的做法，你對這方面有何看法？

　　答：我答不到這許多問題，很簡單地說：第一，是的，我方才所說的真的很理想，所以有很多局限。最近「佔領中環」所說的「審議一」，是政治哲學常論及的審議式民主（deliberative democracy）。這個「審議一」的確與哈貝馬斯主義者的思路很接近。若你「左」一點，會說這個理念排除了不夠資源與技巧去參與政治討論的人，因為我們知道不是每個

人都能如此熟練地運用語言與辯論的技巧。那這些人如何是好？這的確是很實在的問題，我暫時不能很簡單地去回應你，但我確實很同意這個問題的在存。第二，我不認爲你方才所說的政治組織不理性，我不太願意這樣形容他們的行動。事實上，他們幾個組織的行動，我想有九成我均贊成，只是我認爲，有時他們的支持者或擁躉的討論方式有待商榷。我們今日很喜歡說他們非理性、激進，我覺得可以說得更清晰：一般的激進是指「社民連」或是「人民力量」或是黃毓民等言論、措詞的粗暴，而真正的「激進」是對社會的構想有多 radical、有多不同於主流，例如香港的政治討論，我會認爲「港獨」這個討論是激進的。但討論「港獨」的人可能很斯文，態度平淡溫和。所以我們得小心區分，見到黃毓民青筋暴現，就以「激進」冠之，實是大家的誤會。

問：梁先生你好。我想問爲什麼你選擇了佛教作你的宗教信仰？而不是基督教或其他宗教？謝謝。

答：其實我小時是天主教徒，我全家都是天主教徒，我小學的時候已受了洗，中學甚至於修院中住了一年。我小時是想成爲神父的，但後來因爲讀哲學的關係，認爲哲學說的是理性，信神不能接受，一神論我沒有辦法接受得了，因此離開了天主教。或許很多人都經歷過這麼一個階段。我於九年前再次有了宗教信仰，其原因爲覺得自己爲人上有很多困難、問題，發現得於自己身上下一些功夫。「下一些功夫」的意思不是說讀一些書、習得一些人生道理便可以，而是需要行動的。中國

人常說「修心養性」，例如你能否控制自己的情緒，自己有多「放得下」等。就此，就需要有一些實踐去成就。一個偶然的情況我接觸到佛教的靈修方法，從那時開始皈依了佛教，成為佛教徒。而我於大學的時候，已經對佛教的哲學很有好感。我認為它繁雜、複雜，而當時我只是淺嘗即止，不敢多深入接觸，因為我知道其屬「另一個世界」，是一個很龐大的系統，進入了不容易走出來，但現在我則比較折服了些。別人問我為何成為佛教徒，我會答他：「因為這是一個緣份。」一般即此作罷，我不會強調我是有意識地去從市面上的眾多宗教中挑選佛教，就像購物（shopping）般，眼下有基督教、天主教、回教等，從中挑選一個信仰。我認為人靈性上對宗教的取向並不是這樣定的。另外，不要誤會我因自身對基督信仰的離開而對其完全否定，恰巧相反，我覺得我比以前更能理解、親近基督信仰，我有很多最好的朋友都是很虔誠的基督徒或天主教徒，還有當年照顧我、教導我的神父，直至現在仍是我很尊敬的長輩，我時時同他們見面。我大學的時候住的宿舍是神學樓，三年中，我所有同學、哲學的朋友都是神學生，今天很多都成為了教會的傳道人、牧師，因此我反而比前更親近了基督信仰。

問：我認為梁文道先生對現今社會是頗重要的，因為你熟悉中國的國情，有與中國相關的親身經驗。我自己曾於大陸讀書、工作，於大陸生活了十年，接著才來了香港。回港後自覺很不習慣，因為香港人對大陸的理解，不論於傳媒上或是網絡上均是非常令人擔心的。香港人對中港融合有一很負面的理解，而我認為這個中國我們是不可能逃避的。其實我們對中國

的理解十分不足，思想上很混亂。例如今天大眾會認爲民建聯是「左」的，但我們同時會稱呼民建聯爲「建制派」，而以我理解，沒有一個親政府的政黨是「左」的。這完全是一個思想的混亂，我認爲傳媒須爲今天的這種境況負上一定的責任。就此，你認爲哲學的思想能於今天做點什麼？

答：先簡單談論你對民建聯的分析。所謂「左」是一個歷史悠久的、中國現代政治光譜中的劃分方法。當初共產黨爲理所當然的「左翼」，中國「左」的立場由此而奠定，凡親共產黨的謂之「左」，而最保守、最舊派的亦不能稱爲「左」。此爲歷史上的誤會，我不會刻意批評，反而只會考察其歷史的演變過程。你方才指出的龐大議題，一個很簡單的回答就是：哲學思考不會告訴我們以什麼方法處理當前的中港關係，或是以你的語言，「中港融合」，因爲哲學思考不知道「中港融合」是什麼意思，不知「中港融合」是否爲合規範的一個要求，不知它有多好。我意思是，從一個哲學思考者的角度出發，我們真真會將這類字眼全都歸於括號內，去求問何爲「中港融合」。我舉一些例子，若我們因爲香港回歸了這麼久，成了「一家人」，爲何到了某些時候，香港人於大陸成了境外人士呢？是什麼意思呢？我不敢說我對大陸很熟悉，我不是長住，而是到處去，是一個願意多花功夫與心思去同情理解，置自身於他們當中，願意切身去想像他們處境的人。有時我於大陸看到很多活動，如選中國的十大導演，很有趣地他們沒有將王家衞、杜琪峯當作中國導演，而列他們爲「香港導演」。到了這些時候，香港人忽然又不是中國人了。有些時候香港人又

必須是中國人。那麼到底何時是中國人，何時是香港人呢？
「融合」的意思是什麼？我是否要像很多人般，因此而推想
「族群論」的合理，分裂香港與大陸呢？不是，因為同樣地，
我們得再提出問題：香港何時開始成為一個很獨立、自在的
「族群」呢？如何定義「族群」？於何等的意義下，可稱為
「族群」？這些問題我們都得問。就此，我們在討論「反蝗
蟲」與否的問題時，像我們這些人提出這類問題時，別人或許
會認為是立場飄忽，或直指其已「投共」。我不太怕別人責
罵。或許只是因為我不上 Facebook 之故而看不到這麼多批
評。但我的做法是，會先問這類問題，或是嘗試將大家認為很
簡單的東西複雜化。我認為你方才所指出的香港遭遇，是一個
需要複雜化去理解的事情，我不會這般簡單地告訴你不應讓香
港人如此憎恨大陸人等等。當然，我認為仇恨、歧視都是不對
的。這類仇恨和歧視所牽涉到的思路、所利用的工具等等，都
是有待我們放進括號內去尋問其為何物的。

李慧詩講「宗教與運動人生」報導

香港浸會大學宗教及哲學系

單車錦標賽連續奪金
傑出運動員強勢來臨

　　新鮮出爐的 2012 年度香港傑出運動員「星中之星」、香港首名奪得「彩虹戰衣」的女單車手李慧詩於 2013 年 3 月 26 日應浸大宗教及哲學系邀請，以「宗教與運動人生」為題進行演講，並與其神學導師兼浸大宗哲系講師陳家富博士對談，吸引百多名浸大師生及公眾人士出席。

奧運精神與宗教

　　講座甫開始，李慧詩簡述了奧運及宗教的關係。於紐約神學教育中心修讀神學已三年的李慧詩認為奧運宗旨與宗教精神其實很相似。對一般人而言，兩者的感覺好像很遙遠，年代亦彷彿很久遠，但其實它們的歷史卻在不斷延續，可見兩者對人類來說一直都很重要。此外，奧運的精神不在於爭奪獎牌，也不在於跟別人比較，而是在於參與精神，要求自己做得更

好、更快、更強的奮進精神，以及推動和平、友誼、公平競爭的精神。這種追求不但跟人生對宗教信念的追求很相似，而且兩種精神都可以活用於日常生活中，讓生活變得更有意義。

曾陷職業生涯低潮

在跟陳家富博士的對談中，李慧詩談起了自己的運動人生。她認為，運動員跟普通人的分別在於運動員特別重視規律性與服從性。例如她每天最遲七點便要起床，晚上十一點前便要睡覺，每天最少睡八小時，為的是讓身體機能有足夠時間恢復。雖然她已經是一位奧運比賽的獎牌得主，但她依然要聽從教練沈金康的指示，就連這天出席浸大的講座也需先得到教練的批准。言語間，才知道李慧詩在光輝背後，原來曾於 2006 年經歷過運動員生涯的低潮。當年一場車禍令她左手嚴重骨折，對決心當運動員的她帶來極大打擊。養傷期間，她到教會聽牧師傳福音，那時突然有衝動想全職事奉神。終於，在個人努力及宗教力量影響下，她總算度過其職業生涯的低潮，並於 2010 年廣州亞運會後修讀神學。現在當她遇上逆境，雖然她還是會哭，但她知道神已為自己安排了人生的道路，所以她不會再害怕。

坦然面對未知的將來

李慧詩傷癒復出後，表現愈來愈優秀，並成為知名的運動員。她認為得到獎牌是神的恩典，更是一種讓她可以更謙卑

地跟別人分享宗教經歷的見證。談到那些默默耕耘、寂寂無聞的運動員，李慧詩坦言自己都曾經歷過「無掌聲的生活」。這些經歷令她學懂知足，並清楚自己對生命的追尋並不只有比賽成績，還可以有其他可能性的，例如她一方面是運動員，另一方面又是教徒，故此在追求比賽成績的同時也要愛神。她笑言自己除了單車以外，其實還擅長很多其他東西。因此將來退役後，只要抱著「努力用心」的精神，把事情做到最好，就不用擔心出路。再者，她相信神自有安排，更開玩笑說：「說不定很快就有人向我求婚呢！」

信仰令她學會謙卑

在答問環節時，有同學問李慧詩如何處理成名後所需面對的公眾壓力及負擔。原來李慧詩有個秘訣，就是在緊張時每分鐘深呼吸 5 至 6 次，讓緊張的情緒得以舒緩。不過，面對壓力，李慧詩認為最重要的還是要靠自己「努力」及「用心」去解決難題。她坦言並無打算以單車運動員作為終身事業，不過她會依從神為自己選擇的道路而行。

被問到基督徒運動員跟一般運動員的分別時，李慧詩認為基督徒也是平凡人，最大分別就是在於基督徒運動員心中有神，相信神是時刻與他們同在、神與他們同行。她又提到了上月（2013 年 2 月）亞洲錦標賽於爭先賽中被判犯規而未能全奪三金一事。她指當時自己的確很不服氣，覺得亞洲賽裁判與世界賽標準不一樣。如果在世界賽，她理應是不會被判犯規的。然而，冷靜過後，她相信這次經歷是神賜予的，目的就是

令本來自大的她學會謙卑和服從。她認為獎牌對神是毫無意義的，因此她不但要在比賽時榮耀神，而且在她整個生命裡都要去榮耀神。